Sophonie Blaise Kebanwou

Le Cri d'un Amoureux

Sophonie Blaise Kebanwou

Le Cri d'un Amoureux

Comment accroître son langage d'adoration

Éditions Croix du Salut

Cover image: Fourni par l'auteur

Publisher:
Éditions Croix du Salut
is a trademark of
Dodo Books Indian Ocean Ltd., member of the OmniScriptum S.R.L Publishing group
str. A.Russo 15, of. 61, Chisinau-2068, Republic of Moldova Europe
Printed at: see last page
ISBN: 978-620-3-84188-6

EAJ Sophonie Blaise KEBANWOU

LE CRI D'UN AMOUREUX

LES AMOUREUX DE JESUS

REMERCIEMENTS

Je remercie Le Seigneur JÉSUS-CHRIST de Nazareth pour cette œuvre modeste qui est pour Sa gloire et Son honneur,

Je remercie également la servante du Seigneur Rachel.

DÉDICACE :

Je dédie ce recueil de poèmes aux frères dans le Seigneur FEUYOM Jean-Pierre, BOPDA Rodrigue, DJAPOU Dorimène, TAKOUGANG Rachel ainsi qu'à tous les Amoureux de JÉSUS (**A.J**).

AVANT-PROPOS

Le cri d'un Amoureux. Beaucoup de choses peuvent être dites sur l'amour. Mais la parole de Dieu déclare que « *nous avons connu l'amour en ce qu'il a donné sa vie pour nous* » **1 Jean 3 :16**. C'est par JÉSUS-CHRIST que nous avons connu l'amour. Il est le chemin, la vérité et la vie. Il est le bonheur, le repère et la boussole que nous cherchons. Il est tout, absolument tout. Et c'est en ayant connu ce JÉSUS comme notre Seigneur et Sauveur tel qu'Il pria afin que nous le connaissions, que nous avons connu qui nous sommes, pourquoi nous sommes sur la terre, ce qu'est le péché, ce qu'est le précieux don que nous avons reçu et la puissance de notre victoire, JÉSUS. C'est ayant connu Dieu, que nous avons connu la vie, la vraie vie, car JÉSUS-CHRIST est Dieu. Il est le pinacle de l'univers et c'est ce cri que nous émettons dans ce poème, Il est le Sauveur de nos âmes. Nous voulons t'exhorter, frère, sœur, maman, papa, fille, fils à connaitre cette vérité qu'est **JÉSUS**. Une seule vérité, celle qui sauve, celle qui délivre, celle qui ne nous sauve pas seulement pour notre propre satisfaction mais pour un but plus grand et plus noble, celui de vivre pour Dieu, par Dieu et en Dieu. Que toi aussi, tu puisses un jour écrire des poèmes par lesquels tu célèbreras et adoreras ton Seigneur. Vivement que toi, mon frère, ma sœur, mon papa, ma maman, mon fils et ma fille, tu puisses aimer Dieu de tout ton cœur, de toute ton âme, de toute ta pensée et de toute ta force. Sois bénis bien-aimé(e) en JÉSUS-CHRIST.

A.J. Rachel.

PRÉFACE

Tel le précieux cri d'un enfant attendu par les parents après sa naissance, celui d'un Amoureux pour son Père est toujours attendu. En l'émettant, Dieu dans sa grâce, permettra que nous puissions passer de la parole aux réalités spirituelles, du désir à la passion pour JÉSUS, de la connaissance à la communion avec JÉSUS, de la promesse aux provisions avec JÉSUS, de la relation à la révélation de JÉSUS, de la dénomination à l'Église de JÉSUS ou du système de ce monde au royaume de JÉSUS et surtout, progresser du cantique au cantique des cantiques célestes, **tel le Cri d'un Amoureux de JÉSUS.**

A.J. Jean-Pierre

AVIS AUX LECTEURS

À côté de chaque poème, est écrit un commentaire sur celui-ci et à la fin se trouve aussi un glossaire, afin que vous puissiez saisir par la grâce de notre Amour JÉSUS, ce cri du cœur d'un Amoureux. Que le Seigneur vous bénisse.

LISTE DES POÈMES

CLASSIFICATION DES POEMES PAR CATEGORIE

1) Recommencer tout à zéro

Recommencer tout à zéro

Revenir dans nos anciens amours et plus

T'aimer plus que tout

Te garder caché dans le temple de mon cœur

Ne parler que de toi et rien que de toi

Languir après toi

M'abandonner totalement à toi

Afin de te plaire

Et de faire ta joie

Mettre tout en jeu

Pour te gagner et te garder

Au tréfonds de mon cœur

Comme le soleil

Te donner tout ce que je possède

Tendre amour, tendre Jésus, j'ai soif de toi

(Pour) quand encore faudra-t-il que

J'attende ton arrivée

Pour te serrer dans mes bras et te dire que je t'aime

Me remplir de toi ne serait que partiel

Abba, j'ai besoin de toi

Comme une biche soupire après des courants d'eau

Mon être soupire après toi Seigneur

Mon idéal, la raison de ma vie

Celui sans qui, ma vie n'a pas de sens

Celui sans qui, je préfèrerai ne jamais exister

Celui qui est

Le grand **JE SUIS**. Amen !

L'amour pour Dieu est secret : c'est entre Dieu et son amoureux. Personne d'autre ne le vit autant qu'eux.

L'amoureux de Dieu l'aime au point de véritablement s'abandonner à lui, sans crainte, comme un enfant naïf entre les bras de sa mère.

Il est capable de tout sacrifier pour Dieu, de tout déployer en lui pour Dieu.

Il est totalement dépendant de Dieu. Sans lui, il ne peut vivre, ni même respirer une seule seconde.

L'euphorie absolue et l'extase sont le bien-être dont jouit l'amoureux quand il est rempli de son amour JÉSUS. C'est pourquoi, se remplir même de Dieu, n'est que partiel. Il voudrait le voir, le sentir, et le serrer de toutes ses forces dans ses bras.

L'amoureux a soif parce que Dieu est comme de l'eau qui désaltère. C'est comme un homme qui va à la recherche de l'eau en parcourant le désert, et qui, soupirant après des heures, des jours de longue marche et même des mois, n'arrive toujours pas à trouver cette eau. Il a soif ! Très soif ! Car cette eau lui donnera bien plus que le rafraichissement, mais la vie même, celle qui vivifie.

Vous voyez : c'est donc impossible de vivre sans eau ; c'est de même impossible de vivre sans « Celui qui est », car il est tout ce qui est et doit être.

2) Être secret comme Tu es secret

Être secret comme Tu es secret
Te plaire dans ton intimité
Fuir la gloire des hommes
Et me rabaisser sur ta main puissante
Voilà ce dont je raffole de notre amour
Même si notre amour me faisait souffrir
Cette souffrance serait la plus grande joie
Que je n'ai jamais connue
Et même s'il arrivait que ton amour
Me rende aveugle
L'obscurité de mes yeux serait la lumière
La plus splendide que je n'ai jamais vue
Et même si je succombais sous le joug
De la souffrance, de la maladie, de l'indigence,
Du mépris et des tortures
Je ne renoncerais jamais à notre amour
Qui est inexprimable par le langage humain
Et même si l'ange de la mort
Frappait à la porte de ma vie
Je serais heureux de m'en aller
Car, heureux sont ceux qui meurent dans le Seigneur
Précieux **JÉSUS**, Je t'aime !
Amen !

Être secret comme Tu es secret, c'est la perfection de l'intimité avec CHRIST.

Dans cet amour, c'est JÉSUS-CHRIST qui prend tout au contrôle. C'est lui qui fait tout et l'amoureux le porte dans tout son être.

La saveur de la félicité en réalité se trouve dans ce fait que CHRIST fait tout et que l'amoureux ne fait rien du tout, si ce n'est le porter.

L'amoureux compte sur la main puissante de Dieu. Et de souffrir pour lui, pour sa gloire, comme s'il était quelque chose, c'est cela, sa joie ; car, personne ne peut la lui enlever, ni même lui enlever JÉSUS-CHRIST. C'est pour cela qu'il est joyeux.

L'amour a pris possession de lui, l'a en fait rempli au plus haut point ; au point même où, qu'il survienne mort ou désarroi total, seule la température constante de cet amour brûlant en lui le maintient en vie.

Les circonstances et évènements extérieurs n'influencent et ne peuvent même pas influencer cet amour à l'intérieur de lui.

Il est heureux.

3) L'amoureux de mon âme

Voir comme Tu vois

Partager notre amour

Savourer ta tendresse

Jouir des fruits de ta miséricorde

Serait le remède dont a besoin ma maladie

Marcher avec toi, rire avec toi,

Toucher avec toi, faire avec toi

Sera la preuve que tu inondes ma vie

De sorte que ce ne soit plus moi qui vive

Mais toi en moi, parfait sauveur

Laisse la chute de Ton eau douce

Purifier mes souillures et me ramener à toi

Laisse l'éponge de ta magnanimité

Me frotter tout le corps

Et me déposséder de mes impuretés

Laisse ton huile ointe, ton onction

Adoucir ma peau

Et me donner l'éclat de la lumière

Ô Seigneur, satisfais ma soif

Que je marche si proche de toi

Au point de t'aimer encore plus

Même dans les calamités

Au point de voir comme Tu vois

Et de faire ce qui réjouit ton cœur.

Amen !

C'est l'harmonie et la parfaite union de Dieu et de son bien-aimé. C'est l'amour partagé entre celui dont Dieu a comblé le cœur et de qui il ne peut plus se détacher.

C'est une aubaine. C'est un océan d'amour dans lequel l'amoureux est plongé et duquel il ne peut plus sortir. C'est en fait une synchronie, dans laquelle l'amoureux suit d'une manière si parfaite et naturelle les pas et mouvements de son Amour Jésus.

Et arriver à une telle perfection, c'est la preuve de la constante présence de Dieu en lui,

C'est son désir et même sa prière que cet amour soit aussi parfait.

Ainsi, il peut demander à Dieu que son œuvre d'artiste, de potier et de sculpteur soit fait en lui :

Par la chute de l'eau abondante et douce qui le purifie et l'adoucit, par son éponge qui le frotte, le nettoie, le sépare de l'impureté à jamais et le rend brillant comme Jésus même, par son huile qui finit d'achever sa magnifique œuvre en lui. Cette huile qui le lustre et le fait briller de lumière comme lui (son Amour).

C'est le soupir de son âme de devenir l'œuvre de Jésus. Une œuvre toute faite et refaite par Jésus. L'œuvre du potier habile et ineffablement talentueux qu'il est. En réalité, c'est d'être refondu comme de l'argile et refaçonné par ses propres mains (celles de Dieu) pour plaire à son créateur qui réjouira le cœur de l'amoureux plus que tout.

4) L'idéal de ma vie, le Seigneur, le GRAND ELOHIM

Père, écoute ce cri d'exaspération de ton serviteur
Abba, j'ai peur de m'égarer loin de Toi
J'ai peur de me laisser engloutir
Par les plaisirs de ce monde
J'ai peur de Te désobéir
J'ai peur de ne pas faire ce pourquoi Tu m'as créé
J'ai peur de faire ce que Tu demandes avec erreur
J'ai peur de ne pas atteindre le but
J'ai peur de ne pouvoir te plaire totalement
J'ai peur Seigneur, j'ai peur
Mais je sais que par ta grâce, je peux
Par Ton Esprit, je peux
Si Tu le veux, je peux
Dis seulement un mot et je serai sublime par toi
Exauce la prière de ton Fils JÉSUS
Et je serai rempli de ta plénitude
Laisse les écluses des cieux s'ouvrir pour moi
Et Tu verras ton onction m'accabler
Et me donner d'être parfait comme Tu es parfait
Laisse ton Esprit venir sur moi
Comme Tu le fis pour les apôtres
Au jour de la pentecôte
Et Tu verras
Si je ne prêche pas Ton Évangile avec zèle
Tu verras les nations
Se prosterner devant Toi et Te louer seul
Tu verras ton flambeau rayonner comme en son midi

Ici, il s'agit de la peur de l'échec. Ayant pris conscience de la charge et de l'appel d'un esclave auprès de son maître, l'amoureux lance ce cri d'exaspération.

Bien qu'on aime le Seigneur JÉSUS d'un amour sincère et véritable, le monde est là pour nous arracher de lui, pour nous détourner de Dieu, notre Véritable Amour. C'est pourquoi, cette peur, d'aller loin de lui après l'avoir pourtant tant aimé se fait ressentir.

Mais l'amoureux revient encore vers Jésus, car il sait qu'il peut encore se confier en lui et c'est ce qu'il fait en implorant son aide pour lui dire, Seigneur, tiens-moi par ta grâce. Ne m'abandonne pas à moi-même.

Ah, l'amour est fort comme la mort. Il demande à Dieu de laisser les cieux s'ouvrirent sur lui, que son onction, son huile, l'accable, le remplisse au plus haut point.

Que son Esprit le consume et le remplisse complètement pour qu'il adore, et adore encore son Dieu, pour que celui-ci voie qu'il peut l'aimer par sa grâce. Être son instrument par sa grâce, pour chanter, pour prêcher, pour prier, pour combattre, et pour le réjouir ; car par sa grâce, l'amoureux peut absolument tout.

Il prie à Dieu qu'il écoute afin que sa seule volonté soit accomplie sur la terre et que son peuple soit délivré.

Tu verras tes enfants rendus captifs du diable

Retrouver la liberté et te glorifier

Tu verras le diable et ses agents ramper devant toi

Tu verras ta gloire remplir toute la terre

Et tu seras heureux de ton œuvre et de ton travail Père

Car tu es amour

Écoute Seigneur, ne reste pas silencieux

Ton peuple est pillé et oppressé

Écoute dans ta bonté et envoie-moi.

Amen !

5) Comment pourrais-je rire quand les choses vont mal ?

Comment pourrais-je rire quand les choses vont mal

Comment pourrais-je rester tranquille quand le diable prospère

Comment pourrais-je croiser les bras

Quand les brebis du Seigneur sont dispersées

Et à la merci des mercenaires

Comment pourrais-je garder le silence

Quand la fin est proche

Et que les élus ne sont pas prêts

Comment pourrais-je rester calme

Quand ils sont encore dans le sommeil

Passionnés du monde, de ses richesses

Et des plaisirs attrayants

Ô Seigneur, viens sauver ton peuple

Ô Seigneur, viens délivrer tes élus

Je sais que par mes propres forces je ne peux rien

Je ne suis qu'un pauvre pécheur

Sauvé par la grâce de Dieu

> Le monde va mal. Le diable en fait sa pâture et l'inonde de ses mercenaires pour exploiter et détruire ces pauvres brebis du Seigneur.
> Le monde va mal car ceux-là même que Dieu a mis à son service pour chercher sa face et sauver ses brebis sont amoureux des choses du monde. Ils aiment l'argent, la gloire des hommes, le pouvoir, le plaisir sexuel et ils se couchent sur leurs lauriers étant fiers d'eux-mêmes.

Mais je sais que si tu le veux je peux

Car tu es Omnipotent

Seigneur je suis si mauvais

Que tout ce que je te donne de bien vient de Toi

Montre-moi ce que je ferai pour que tu sois content

Montre-moi le nom nouveau par lequel je t'appellerai

Pour que tu sois dans l'euphorie

Montre-moi Père

L'œuvre que je dois achever pour Ta gloire

Montre-moi la tâche que je dois accomplir

Pour combler ta joie

Montre-moi la louange que je chanterai

Pour provoquer ton sourire

Montre-moi Seigneur !

Montre-moi Jésus !

Montre-moi !

Amen !!!

> Où va le monde ? À la vue de tout cela, l'amoureux ne peut demeurer coi, et demande à Dieu de faire de lui celui qui pourra et fera son œuvre pour le rendre joyeux, pour le rendre fier de son serviteur, pour que lui, pécheur sauvé par sa grâce, puisse satisfaire le cœur de Dieu et le réjouir au milieu de cette génération perdue, absolument, pour le bonheur de JÉSUS.

6) Mon Idéal, la raison de ma vie

Ô Dieu écoute-moi

Devant le défi de la vie

Que vais-je faire sans toi

Devant le défi des loups vêtus

Que vais-je faire sans toi

Devant le défi

Des œuvres de la chair et du monde

Que vais-je faire sans Toi

Devant le défi de l'incrédulité

Et de l'endurcissement des hommes

Que vais-je faire sans Toi

Devant le défi de l'immoralité et de l'abomination

Que vais-je faire sans toi

Devant le défi de la fausse doctrine

De la sorcellerie

Et de la possession maléfique

Que vais-je faire sans toi

Seigneur Jésus, viens

Viens

Viens mon Amour

Alors que la crainte se mit en route

Pour te faire trembler

Tu la combattis par la puissance de la prière

Et par la fortification des anges de ton Père

Alors que celle-ci te faisait transpirer du sang

Le Saint-Esprit la démolit

Avec ses tactiques inexprimables

Qui est comme Toi mon Dieu

Qui peut être comme Toi

Puissant comme Toi RABBOUNI

S'attacher à toi

C'est trouver le chemin de la vie et se revêtir de l'invincibilité

S'attacher à toi

C'est être un Samson invincible même face à la mort

S'attacher à toi

C'est vaincre le péché

Ébranler les murs de Jéricho

Et partir pour la liberté, le bonheur et la vie éternelle

Sois béni mon Amour JÉSUS.

Ce n'est pas par notre force, même sauvé par la puissance de Jésus-Christ, que nous pouvons vaincre le monde, ses œuvres, et gagner les hommes. Oh, non ! Notre chair est trop faible et impuissante.

Nous sommes dépourvus, et c'est par la force de Dieu, par sa grâce que nous pouvons remporter tous les défis, batailles et guerres, et surtout toucher le cœur des hommes ; tenir ferme contre l'immoralité du monde qui nous appelle toujours. Nous ne sommes pas forts face à la puissance des ténèbres.

JÉSUS est le secours et notre triomphe. Il a vaincu sur le chemin de la croix et c'est par lui que nous pouvons vaincre. Jésus est notre Dieu Puissant qui nous fortifie. Il terrasse nos faiblesses et nous rend fort devant toute difficulté. Il est la vie, la liberté, le triomphe et la vie éternelle.

7) JÉHOWAH SABAOTH

Revenir dans nos anciens amours et plus
T'aimer plus que personne au monde n'a pu t'aimer
Aspirer au changement que tu désires
Me tenir dans ton char de guerre infatigable
Trainé par tes chevaux au moteur Diesel
Saisir ta main conductrice
Et marcher sur tes voies insondables
Ouvrir mes oreilles à ta douce voix
Et faire ce que tu me demandes
Voilà Seigneur JÉSUS le secret de ma réussite
Ô Seigneur, s'il te plaît, aide-moi à te connaitre
À connaître ce que tu désires que je sache
À faire ce que tu désires que je fasse
À apercevoir ce que tu désires que j'aperçoive
À toucher ce que tu veux que je touche
À penser ce que tu aimerais que je pense
À créer ce que tu voudrais que je créé
Précieux JÉSUS je t'aime !

JÉHOWAH SABAOTH est celui qui soutient l'amoureux.

Le secret de la réussite de l'amoureux de Jésus, c'est de se transformer en ce que Dieu veut, en ce qui le comblera au plus haut point, dans un élan de tendresse et d'amour sans cesse croissant, dans une soumission et une communion de plus en plus parfaite.

Son cri est donc de voir Dieu se révéler à lui afin qu'il fasse ce qu'il doit, que tous les mystères, la connaissance, la transformation et l'épuration qu'il faut déposer et opérer en lui, lui soient accordés.

8) Ma passion, le Seigneur JÉSUS-CHRIST

Comme le soleil, fais-moi naître
Comme le soleil, viens éclairer mon être
Fais-moi sortir
Des ténèbres du péché et des limitations
Comme le soleil
Viens donner vigueur à mes os fatigués
Par le froid de l'abomination et du péché

Comme le soleil, le but de l'amoureux est de devenir un objet pongé, lustré, et totalement fabriqué par les mains de Dieu, le Seigneur JÉSUS. Ceci, afin de pouvoir refléter sa gloire, afin de devenir une lumière qui terrifie l'ennemi, les ténèbres, et afin d'édifier et de transformer les hommes par cette lumière brillante en lui, tout, à la gloire de Dieu.

Comme le soleil
Viens sécher les eaux infectées
Et détruire les microbes pathogènes de mon être
Comme le soleil
Viens illuminer mes voies
Et faire sortir mes yeux de la profondeur des ténèbres
Comme le soleil
Viens réchauffer l'air que je respire
Et la parfumer de ton parfum euphorique
Comme le soleil
Viens ébranler la forteresse qu'élevait l'obscurité de ma vie
Comme le soleil
Viens faire sécher la rosée d'impureté de mon être
Comme le soleil
Fais-moi briller jusqu'à ton retour
Comme le soleil
Donne-moi de ta chaleur
Afin que les hommes voient ta gloire
Et mon être refléter tes bontés
Comme un corps noir
Laisse mon être absorber ta faveur et refléter ta gloire
Comme le soleil
Laisse ta lumière luire en moi
Et aveugler par la puissance de son éclat mes ennemis
Comme le soleil
Laisse mon être brûler comme du feu
Et détruire à mon passage les ouvriers et les agents du diable
Comme le soleil
Laisse ta puissance inonder mon être et conditionner mes actions

Comme le soleil

Donne-moi d'éclairer les hommes par la lumière de l'Évangile salvateur

Précieux **JÉSUS**, je t'aime.

9) Mon Rocher, ma Forteresse, Ma vitalité, Le Seigneur JÉSUS-CHRIST

T'aimer plus que tout

Partager notre charité

Me cacher sous ta main puissante et sainte

Me réchauffer sous tes ailes

À l'abri des loups vêtus, des brebis galeuses

À l'abri des agents de Lucifer

Et des satano-miraculeux

À l'abri des fausses doctrines

À l'abri des doctrines de démons

À l'abri de la perdition et de la ruse du diable

À l'abri de l'antéchrist

Me nourrir de ton amour

Me rajeunir par les larmes que versent tes saints yeux

Me revêtir de ton discernement par ta douce parole

Qui me guide dans les chantiers délicats de ce monde

Me submerger dans ta bonté et être inondée par ton Esprit Vital (le Saint-Esprit)

Me purifier dans la piscine de ton sang qui crie plus fort que le sang d'Abel

Voilà Seigneur, le désir de mon cœur

Précieux **JÉSUS**, Je t'aime !

> Au milieu d'un monde pervers et perdu, au milieu de la méchanceté du monde des ténèbres et de la cruauté de Satan, le désir d'un amoureux, c'est de rester auprès de son maître, pour savourer les moments intenses de chaleur et de protection, d'instruction et de purification qui le font devenir un avec son maitre, JÉSUS.

10) Ma référence, le Seigneur JÉSUS

Que mes yeux prennent congés du sommeil

Que mes paupières cessent de s'assoupir

Que mes yeux restent éveillés

Et aient la haine pour le sommeil

Que mes membres se mettent au travail

Pour le changement

Que mon être ne se lasse jamais de changer

Que ma vie se conforme à la diligence

Et que la paresse disparaisse d'elle

Que mon corps reprenne la course et ne se rétracte pas

Que mes pensées soient focalisées

Sur le grand barbu

Le grand JE SUIS

Le Royaume des cieux

Que mes désirs le soient aussi

Que la fatigue n'existe plus pour moi

Comment pourrais-je me reposer quand il y'a à faire

Quand le temps est court

Et le retour de mon Amour proche

Que les pneus de ma voiture ne s'usent pas

Que son moteur ne se fatigue pas

À la vitesse d'un missile, je suis en train d'atteindre le but

Et je l'atteindrais par la grâce immense de mon Père

Amen !

Il est temps de se lever et de ne plus dormir, d'arrêter de suivre le monde dans sa somnolence et sa complaisance. Il est temps, car **JÉSUS** revient bientôt. Un véritable amoureux de **JÉSUS** ne dort pas. Il ne se laisse pas aller par les circonstances et la gaieté du monde quand tout va mal en réalité, quand le peuple de Dieu n'est pas affermi, quand les choses tournent à l'avantage du diable et que Dieu recherche un serviteur qui fera sa volonté. Il doit se lever et même plus. Il doit se réveiller et travailler, et chercher Dieu, car c'est cela sa destinée.

11) Mon créateur, le Dieu de JÉSUS -CHRIST

Abba, j'ai besoin de Renouveau

Père, l'ignorance a englouti et ruiné ma vie

Satan a volé mon temps

Me poussant à ne ressembler à rien

Comme il voulut détruire JÉSUS ton Fils

Après avoir admiré l'éclat de son étoile à l'Orient
Il veut me passer au crible comme le blé
Ne reste pas silencieux Père
Fais quelque chose
Comme Tu donnas à JÉSUS de racheter le temps
Et de transformer le monde en trois ans
Je veux récupérer le temps passé
Et brandir mon épée dans le camp de l'ennemi
Sois béni Père
Le Roi des rois
La beauté sublime
Le Trésor pittoresque
Amen !

> Avant d'être sauvé par la grâce de JÉSUS-CHRIST, beaucoup de temps s'était écoulé pour l'amoureux de Jésus. Alors rebelle, il avait passé sa vie sous le règne du monde gouverné par Satan et n'avait pas durant toutes ses années fait ce pourquoi il était né. Il crie à Dieu car lui seul peut l'aider et lui permettre de racheter le temps.

12) Ma vitalité, la passion de ma vie, le Seigneur JÉSUS-CHRIST

Que notre amour ne se rétracte point
Qu'il ne finisse jamais
Qu'il soit toujours croissant
Comme un fleuve en période de crue
Que ma passion et mon amour pour Christ
Soient ascendants
Quelles que soient les circonstances
Qui m'arrivent et qui m'arriveront
Que la grâce de Dieu et la puissance du Saint-Esprit
Maintiennent cet amour toujours vivant et accéléré
Que les ruses du diable
Les attitudes et les habitudes de la chair
Ne puissent jamais affecter cet Amour
Que les scènes macabres du monde

> C'est le cri d'un Amoureux de Jésus que rien n'affecte jamais leur amour. Que cet Amour croisse toujours et soit protégé par la grâce de Dieu et par l'Esprit de Dieu puissant en lui. Que la patience de l'Amoureux dans les conditions difficiles et les challenges face aux hommes, aux frères et à Satan, ainsi que sa persévérance et sa longanimité soient les piliers de leur amour jusqu'à ce que cet amour atteigne la maturité. C'est son cri, c'est sa prière car il sait que le chemin sera long et pénible.

Ne puissent jamais le paralyser
Que les attitudes et les habitudes nauséeuses des faux frères
Ne fassent et ne soient jamais l'objet de son déclin
Comme le soleil du levé au Zénith
Que cet amour soit et ne connaisse jamais le coucher
Que notre Amour Père atteigne la perfection
Comme un séisme, que rien ne l'arrête
Comme des laves sortant du cratère d'un volcan
Que rien ne l'empêche de déborder à l'intérieur de moi
Pour se répandre autour de moi
Qu'il soit pour moi un bijou sublime
Un trésor incomparable et vital
Que les soldats vigoureux et forts
Que sont la patience, la douceur, la persévérance
Montent une garde autour de lui
En plus de ces gardiens
Que les commandos célestes participent aussi
Comme une plante
Que la rosée de ta parole le vivifie et le rajeunisse
Que le Saint-Esprit
Soit la substance nutritionnelle dont il a besoin
Pour son entretien et sa croissance
Mon Amour Jésus, Je t'aime !!!

13) El Emmanuel, mon trésor

Que mon être ne reflète que cet Amour
Qu'il soit totalement submergé par cet Amour
Que mon âme, mon Esprit et ma chair
Soient accablés par cet Amour

Que mes vêtements sentent

Le parfum de cet Amour merveilleux

Qu'au travers de cet Amour divin

Que tout mon être

Y compris mes différents accoutrements

Sentent le parfum de Jésus, mon Amour

Comme un aimant

Que cet Amour m'attire

Et me maintienne attaché à mon Jésus

Indépendamment de ce que je pense

Indépendamment de ma volonté

Comme un diamant

Que cet Amour nous rende inséparables et rigides

Moi et mon Jésus

Père, laisse-moi savourer les bienfaits de notre Amour

Précieux Jésus, Je t'aime.

> Tout ce que désire l'Amoureux, c'est d'être le reflet de son Amour Jésus. C'est de le posséder en lui et de le laisser s'exprimer totalement en lui. Que de son être profond à ses vêtements même, que l'Amoureux soit l'œuvre de son Amour. Pour que cet Amour et lui soient un et inséparables.

14) Ma force, le sujet de mes louanges, Le Grand JE SUIS

Comme de l'argile devant le potier

Fais de moi Père

Une œuvre sublime

Qui fera ta joie et élèvera ta majesté

Seigneur, je veux te plaire

Être l'un de tes plus beaux trésors

Être la prunelle de Tes yeux

Être ta mélodie préférée

Seigneur, je veux te plaire

Comme Moïse

Que je sois l'outil

Par lequel tu libèreras ton peuple

De la servitude et des forces maléfiques

Comme Joseph Père

Fais de moi l'homme

Le plus nanti du monde

La source de richesse pour abreuver tes enfants

Et élever au plus haut ton flambeau

EL SHALOM ! Je veux te plaire

Être un objet pittoresque à tes yeux

Être un sacrifice de bonne odeur

Un parfum euphorique pour toi et toi seul parfait Jésus

Comme ton archange Michel

Que ta grâce fasse de moi

Un soldat invincible

Que je sois l'épée et l'instrument

Par lequel tu renverses les œuvres et les agents du diable

Comme Salomon

Que ton intelligence et ta sagesse en moi

Confondent le monde

Et libèrent les hommes

De la folie, de l'incrédulité

Du scepticisme, et des mensonges du malin.

Comme Jésus le Christ

Je veux Père

Être la lumière du monde

Le libérateur, la source d'eau vive

Le pain de vie, la sainteté parfaite

La sonnette d'alarme

La réincarnation de Christ

Un pot est fait à l'image de son potier, selon son désir, ses projets et son cœur. Le désir de l'amoureux est d'être ce pot, de plaire, uniquement de plaire à son Dieu. Sa plus belle œuvre dont il se vente et en laquelle il se plait, pour lequel il se loue.

C'est son Dieu qui fera de lui un Moïse, bâtit pendant un temps pour ramener son peuple à lui. C'est son Dieu qui fera de lui un homme plein de ressources pour répondre à tous les besoins, quels qu'ils soient, de ses enfants. L'amoureux voudrait ainsi devenir et être la plus belle chose que son créateur Dieu, n'ait jamais créée et qu'il aimera contempler toute son éternité.

L'amoureux de Jésus veut ainsi être à l'image parfaite de Christ.

Rabbouni, ais pitié et écoute Père dans ta bonté

Ton peuple crie et est en proie aux satano-miraculeux

Aux mercenaires et aux loups vêtus

Viens Seigneur

Le Grand Sabaoth

Ne reste pas indifférent

S'il te plait mon Amour

Amen !

15) Mon réconfort, le Rocher des Âges

Que le ciel des cieux écoute ce cri de secours

Ô Père, aie pitié de moi

Qui suis un pauvre pêcheur sauvé par ta grâce

Abba, je suis assiégé et accablé par la chair

Viens à mon secours

Je suis en proie au sommeil et à la paresse

Viens à mon secours

Je suis malheureux à la vue de ceux qui sont détruits par Satan

Viens à mon secours

Je suis la cible première des satanistes

Viens à mon secours

Je suis faible incapable de me défendre

Viens à mon secours

Je suis esclave de ma chair et de ses désirs iniques

Viens à mon secours

Je suis privé de mes droits en Christ à cause du péché

Viens à mon secours

Je suis le cantique des occultistes

Viens à mon secours

> Au-delà de la méchanceté des hommes et du monde qui peut freiner un amoureux dans l'élan de son amour pour Dieu, il y'a, encore plus décidé et rigide que tout, la chair. La chair de l'homme même, sa nature, son moi, ses habitudes empêchent à la plénitude de Christ de s'exprimer.

> C'est ainsi que cette chair étant trop forte et trop puissante à gérer- car la chair ne sait que pécher- l'amoureux crie à son Amour, Dieu, pour qu'il lui vienne en aide afin qu'il gagne et utilise valablement le temps que celui-ci lui a donné.

La cible des hommes méchants et des démons

Viens à mon secours

Les attitudes et habitudes négatives

Me ruinent et attirent sur moi ta colère

Viens à mon secours

Ils empêchent à ta faveur

De venir et de demeurer sur moi

Viens à mon secours

Ils m'empêchent d'aller à l'aurore

Viens à mon secours

Ils font de moi un cadavre spirituel

Viens à mon secours

Ils ruinent ma vie et consomment le temps que tu m'as donné

Viens à mon secours

Ils œuvrent nuit et jour pour m'ôter la vie

Viens à mon secours

Ils m'ont infecté de la maladie du sommeil

Viens à mon secours

Ils ont fait de moi un géant aux pieds d'argile

Viens à mon secours

Leur but c'est de me détruire

Viens à mon secours

Ils ont dressé des obstacles et des murs

Semblables à celui de Jéricho

Sur mon chemin et sur ma destinée

Viens à mon secours

Viens Seigneur Jésus, ne tarde pas

Viens en hâte au secours de ton bien-aimé Sophonie Blaise

Amen !!!

> La chair en effet est pleine de désirs iniques, c'est-à-dire, pécheurs ; la chair est faible et ne peut prier d'elle-même par paresse ; elle est l'objet de réjouissance des satanistes et occultistes et du monde en général, car ils savent que c'est sur cela qu'ils peuvent se tenir pour assujettir un homme qui veut vraiment connaitre Dieu.

> Que Dieu vienne au secours des Amoureux.

16) Ma lumière le Seigneur JÉSUS

Le cri de mon cœur retentit

Il dit

Pleurs, cris, gémissements

Le cri de mon cœur sonne

Il dit

Morts, fous, débauche

Rien d'autre que dérèglements

Le cri de mon cœur résonne

Il dit

Où va le monde, où vont les hommes

Il dit

Où sont les vrais adorateurs

Il dit

Où sont les passionnés de Jésus

Il dit

Où sont les Amoureux du Christ

Le cri de mon cœur explose

Il déclare

Pourquoi l'appelez-vous Seigneur, Seigneur et ne faites-vous pas ce qu'il dit ?

(Luc 6 : 46)

Ô Dieu, écoute le cri de mon cœur

Nous sommes morts bien que vivants à cause du péché

Nous sommes égarés

Pourquoi préférez-vous l'objet à l'objectif

Pourquoi poursuivre l'objet au lieu de l'objectif

Pourquoi travailler pour l'objet au lieu de l'objectif

Le cri de mon cœur gronde

Ah ! Regardons le monde aujourd'hui ! Truffé de grands hommes de Dieu, mais des hommes de Dieu qui ont changé l'objet en objectif- les miracles et prodiges de Dieu en Dieu lui-même. Dieu ne nous a-t-il pas demandé dans sa parole de l'aimer plus que tout ? Et d'aimer nos frères comme nous-mêmes ? Mais aujourd'hui, ces hommes de Dieu prêchent le miracle, la prospérité, ce que Dieu donne et non ce qu'il est et comment l'atteindre. Ils ne sont plus passionnés de Jésus, mais passionnés du monde et enseignent leurs fidèles à être comme eux.

Ces hommes, ne faisant plus ainsi la volonté de Dieu, l'amoureux se demande si au moment où Jésus viendra, il trouvera encore la foi sur la terre, ceux-là qu'il attend de voir, des amoureux de Jésus.

Il dit

Et quand le Fils de l'homme reviendra, trouvera-t-il la foi sur la terre ?

(Luc 18 :8)

Ô chrétien, repends-toi car il n'entrera chez elle rien de souillé !

(Apocalypse 21 :27)

Amen !

17) Ma boussole, le Seigneur JÉSUS

Seigneur, je ne veux pas m'égarer loin de toi
Je veux trouver mon refuge auprès de toi
Être comblé par toi et rien que toi
Jésus sois mon idéal
Jésus sois mon but
Jésus sois mon objectif
Que je mette tout en jeu pour t'atteindre et te garder
Que je vende tout ce que j'ai pour t'acheter
Toi mon précieux Trésor
Que je déploie toute mon énergie pour t'avoir
Même si cela causera ma mort
Même si ma vie est le prix à payer
Je serais heureux de le faire pour t'avoir
Toi mon idéal
Même s'il faille renoncer à tout
Je le ferai avec plaisir
Vivre par toi et pour toi
C'est la passion véritable
Même si le monde me rejette
Même si la mort me poursuit
Même si je suis pauvre

L'Amoureux de Jésus est celui-là qui met tout en jeu et se sacrifie pourvu qu'il gagne à la fin, son Amour. Et Gloire à Dieu, cet Amour a tracé toutes les voies pour l'atteindre.

Pour l'Amoureux, son Amour est son repère, celui qui le conduit encore vers lui-même, son idéal, son modèle par excellence, son objectif- le but même de sa vie. Pour cela, rien n'est trop couteux, trop pénible pour l'atteindre. Ainsi, un Amoureux de Jésus devient un sacrifié pour Jésus, qui vise à combler et à consoler le cœur de Dieu, absolument.

Le monde n'a ainsi plus d'importance. Les hommes n'ont plus d'importance. Seul Jésus compte. Vaut mieux en effet, mourir pour Dieu que de vivre pour le diable et le monde. Le cri d'un tel Amoureux est que les hommes voient, croient et cherchent plutôt Jésus, qui est hors du monde, et non dans ce monde, en se séparant effectivement de lui.

Même si les hommes ne me comprennent pas
Tu étais Tu es et Tu seras toujours mon Idéal
Mon objectif ma passion mon obsession
La raison de ma vie
L'amoureux de mon âme
Ô quelle grâce d'écouter le trot des aiguilles de ma boussole
Elles disent
Mieux vaut mourir pour Dieu que de vivre pour le diable
Elles déclarent
Mieux vaut être pauvre pour Dieu que d'être riche pour Satan
Elles proclament
Mieux vaut être désapprouvé par les hommes
Et se réchauffer sous les ailes du Très-Haut
Père viens sauver ton peuple car il s'égare
Il se conforme au monde au lieu de le transformer
Amen !

18) Ma gloire, le sujet de mes cantiques

Que ma voix retentisse aux quatre coins du monde
Qu'elle interroge les hommes et qu'elle dise
Où sont les Amoureux du Seigneur Jésus-Christ
Qui considérèrent tout comme de la boue pour gagner Christ
Où sont les Amoureux de Dieu, comme Job
Où sont les amoureux de ce siècle
Où sont-ils
Qu'ils se montrent
Regardez
Ils sont passionnés du monde et non de Dieu
Ils ont pour objectif les miracles, la puissance

Et non la sainteté

Ils ont pour but l'argent et les richesses

Ils ont pour idéal la gloire des hommes

Même au prix de leur salut

Ils ont pour fruit la débauche et le péché

Ils ont pour fin la géhenne

Par le truchement de leurs abominations

Ils ont dénaturé le christianisme

Et se sont tournés contre leur Créateur

À cause d'eux, les larmes de notre Seigneur

Ne cessent de couler

Ils ont préféré la créature au Créateur

Abba épargne-moi

Père aide-moi

Seigneur sauve-moi

Rabbouni préserve-moi

Que le monde sache que je suis ta propriété privée

Amen !

Dans un monde comme celui du siècle, présent, tout a été dénaturé. Les serviteurs de Dieu, comme nous l'avons dit plus haut n'en sont plus, mais ils recherchent les biens du monde. Pire encore, leurs œuvres et leurs actions ne reflètent rien de Dieu. Ce sont des fruits de débauche, d'orgueil qu'ils produisent et qui contribuent à polluer l'Église de Christ. Ce sont l'argent, les biens matériels et la gloire des hommes qui les rassasie et non Dieu. Pas comme au temps des apôtres de Christ.

Et Dieu déclare que la fin de tels hommes est la géhenne. Lui-même les jugera au dernier jour.

Mais pour l'Amoureux de Jésus, la grâce qu'il demande est d'être la propriété privée de Jésus, qu'aucune racine impure de ce monde ne l'influence afin d'être une œuvre dont son Dieu se réjouira et dont il fera sa gloire.

19) Mon Trésor JÉHOWAH NISSI

Qu'est-ce qui réjouira mon cœur

Sera-ce la gloire des hommes

L'argent, les titres et les acclamations

Jamais

Qu'est-ce qui pourra combler mon cœur

Est-ce le sexe, la richesse, les bons mets

Qu'est-ce qui peut mettre mon cœur dans l'euphorie

Sera-ce les vêtements les bijoux l'orgueil

La louange la considération et l'amour des hommes

Jamais

Qui pourra me donner la joie

Est-ce le mariage les enfants les promotions

Les pensées la connaissance l'élévation

Jamais

Qu'est ce qui me rendra heureux

Est-ce le plaisir de vivre

Jamais

Peu importe si les hommes ne me comprennent pas

Je suis perdu

J'ai le désir de m'en aller

Je veux quitter ce monde plein de péchés

Quitter ce monde rebelle, insensé et pervers

Je veux me rendre chez mon Père

Et je lui dirai

Papa on veut détruire ta créature

Je lui dirai

Papa tous sont égarés

Je lui parlerai

Papa, j'ai soif et seul toi peux combler mon cœur

Amen !

Il semble et il est même vrai pour tous les hommes qu'aucun n'est comblé par les choses que le monde donne : la richesse, la gloire, le sexe, le mariage, les enfants, les bons plats et tous les autres. En effet, ces choses sont l'objet de la passion, du désir ardent des hommes au départ, mais très vite, elles se dégradent à leurs yeux. Elles n'ont plus aucune valeur, tout simplement, parce qu'elles ne comblent pas. Donnent-elles vraiment le bonheur ? Rendent-elles plus heureux que tout ? Si c'était le cas, les hommes n'auraient plus à chercher ça ou ci pour remplacer leur vide. C'est tout simplement parce que, seul Dieu donne et est le bonheur. Le cri de l'Amoureux, c'est de rester auprès de son Dieu et de demeurer en lui, son bonheur. Que les hommes qui recherchent ces autres choses, le saisissent, car alors, ils seront heureux.

20) Mon Dieu JÉHOWAH NAS l'Éternel qui pardonne

Comme Lot au pays de Sodome et de Gomorrhe

Me voici Seigneur

Accablé par le péché

Assujetti par le diable

Immergé dans le bourbier

Sauve-moi

Je suis impur au milieu des impurs
Je suis enfermé dans la prison impure de ce monde
Je suis influencé par le péché et l'impureté du pays
Viens à mon secours
L'air que je respire est souillé
La planète sur laquelle je me trouve est souillée
Je suis tombé dans une mer souillée
Tout ce que je possède est souillé
Ainsi que mon être
Viens me libérer
Je suis confus et emprisonné par ces murs de péchés
Je sais Père que tu es Saint
Et que tu as horreur du péché
Je sais que face au péché
Tu t'écartes et ferme tes yeux et tes oreilles
S'il te plait fais quelque chose Seigneur
Ce serait une joie si cette requête te parvenait
Car les bourreaux du péché empêchent mes cris de t'atteindre
Amen !!

Le péché est la gangrène du corps d'un Amoureux. Rien n'est plus avilissant que le péché surtout quand l'Amoureux est dépourvu de lui-même et ne peut rien face à la puissance du péché. Seul Dieu peut le sauver. Et c'est à lui qu'il crie pour le salut, non seulement de son âme mais aussi de sa chair. Reconnaissons que l'homme est impur de nature et qu'il lui est tellement difficile d'être Saint et de demeurer parfait. Mais, Gloire soit rendue à Dieu qui a trouvé un moyen pour sauver l'homme de lui-même, Jésus-Christ.

Alors, le cri d'un Amoureux est que son Amour vienne à son secours.

21) Ma Dulcinée le Seigneur Jésus

Comme Jonas au pays de Ninive
Oblige-moi à te plaire
Comme Paul à Damas
Oblige-moi à te plaire…

Ce poème court et bref est pourtant le plus profond, car, Jonas à Ninive ne dépend plus de lui, parce que Dieu l'a obligé, en dépit de la volonté de sa chair désobéissante, à servir Dieu. Paul, dans son zèle propre, en allant à Damas, a été brisé. Les deux hommes ayant choisi et poursuivi leur voie, furent frappés comme par illumination par la vérité qu'est Jésus-Christ et depuis ce jour, depuis alors qu'ils s'étaient relevés, ils n'ont plus jamais été les mêmes et la mort et la cécité dans lesquelles ils avaient vécu ont disparu, parce qu'ils ont rencontré la Vie et la Lumière qu'est Jésus-Christ.

22) Mon sublime Roi, JÉHOWAH SABAOTH

Comme un cabri ayant besoin d'entretien

Me voici Seigneur

Comme un soldat ayant besoin de formation

Me voici Seigneur

Comme un commando ayant besoin d'armes

Me voici Seigneur

Comme un guerrier n'attendant que les ordres

Me voici Seigneur

Prends-moi, transforme-moi, façonne-moi

De sorte que je fasse la joie de ton cœur ô Père

Prends-moi, discipline-moi, illumine-moi

De sorte que je sois le modèle, la lumière, la référence

Le sujet qui te fera sourire et provoquera ton euphorie

Sublime Jésus, je t'aime.

> L'Amoureux est comme l'argile ayant besoin d'être formé par son maitre et potier, Dieu. Un homme ayant besoin d'être paré par son Créateur. Une œuvre ayant besoin de combler le cœur de son Créateur. Une œuvre refaite par son Roi Jésus. Telle est le désir et la prière de celui qui lui appartient, pour la seule joie de son maitre.
>
> Le désir de cet Amoureux est qu'il soit fait par les mains de son Dieu de telle sorte que celui-ci contemple et savoure son œuvre en lui, comme jamais il n'en a fait d'œuvre. Provoquer l'euphorie du Père par ce qu'il est et par ce qu'il a fait de lui, c'est bien ça l'objectif d'un tel amoureux.

23) Mon réconfort, Mon Ami fidèle, Jésus

Je suis perdu

Je suis égaré

Je suis dans le trouble

Je suis dans le désarroi

Je suis dans la confusion

Je suis un prisonnier

Un prisonnier du sommeil

Un prisonnier du péché

Un prisonnier de l'échec

Je suis un détenu

Je suis un maltraité

> C'est encore le même cri d'aide de l'amoureux à Dieu, qui veut que ce dernier l'aide à devenir tel qu'il veut et non abandonné dans sa chair pècheresse dans l'ultime but de réjouir le cœur de son Ami. La chair et le monde sont implacables, mais l'amoureux a la foi que Dieu la brise.

Je suis un rejeté

Un rejeté des hommes

Un rejeté des humains

Un maltraité

Un maltraité des hommes

Un maltraité des humains

Un esclave de la chair

Ô Dieu, je crie à toi

Tel que je suis, prends-moi

Façonne-moi pour atteindre le but

Et réjouir ton cœur

Amen !

24) Mon Sublime Jésus

C'est par toi et pour toi que je vis

Je suis si mauvais

Que tout ce que je te donne de bon vient de toi

C'est par toi et pour toi que je vis

Car je ne peux me donner la vie

Celle que je possède vient de toi

C'est par toi et pour toi que je prie

Car c'est ton Esprit qui intercède

Au fond de moi

Par des soupirs inexprimables

Puisque je suis incapable

C'est par toi et pour toi que je suis saint

Car de par moi-même

Cela est impossible

Tu es MEKADICHEM, l'Éternel qui sanctifie

> C'est par Dieu seul que l'Amoureux vit, car il est incapable de vivre par lui-même et de connaitre la volonté de Dieu afin de l'exprimer en lui. En réalité, il ne sait rien faire, ni aimer, ni être, car Dieu fait tout lui-même en lui. C'est en Dieu que l'amoureux espère. Ainsi, comment ne pas l'adorer pour sa vie et son Esprit qui lui a donné la Vie, et par lequel il peut faire sa Volonté.

Tu me parfumes de ta sainteté

Et me revêt de l'éclat de ta beauté

C'est par toi et pour toi que je vis

Car je peux tout par celui qui me fortifie

25) Mon cœur

Ô mon jeune cœur vieux

Accablé et fragilisé par la méchanceté

Et l'incrédulité des hommes

Ô mon jeune cœur vieux

Rendu fragile par la rébellion

Des satano-miraculeux, des religions

Et philosophies de l'enfer

Ô mon jeune cœur vieux

Détérioré par les soucis et les crimes des faux frères

Qui ont changé la vérité en mensonge

Et le mensonge en vérité

Ô mon jeune cœur vieux

Rendu vieux par l'ineffable fruit de la science du mal

Des bombes atomiques, des virus de laboratoire et des éprouvettes de la mort

Ô mon jeune cœur vieux

Comme tu es fatigué à la vue des gros poissons

Qui ont cessé de manger les petits

Mais qui les tuent pour s'emparer de leurs biens

Je sais qu'un jour, tu cesseras de battre sur cette terre

Oui, bientôt alors, tu battras de nouveau et à perpétuité

Dans le sein de mon Amour Jésus-Christ.

Amen.

> Le jeune cœur vieux a déjà vu beaucoup de choses et souffert beaucoup de choses alors qu'il est encore tout jeune. Il a vu la méchanceté des hommes, de Satan, des religions, des philosophies, des gros poissons, grands hommes-dieu, non de Dieu. Ces derniers, ces hommes devenus hommes-dieu ont cessé de tuer et de sacrifier les croyants, pour les faire souffrir, par tous les moyens et par la perte de ce que Dieu leur a donné comme biens et grâces, en s'en emparant et en réduisant ces démunis à néant, à des hommes morts, exploités, souffrants, vils et perdus. L'amoureux émet ici le cri du peuple de Dieu croupissant sous la misère et la cruauté des faux pasteurs.

> Mais bientôt un tel cœur ne battra plus sur la terre, car il ira se reposer en battant cette fois-ci en paix, auprès du Père et du Dieu Consolateur de ceux qui ont soif de paix et de justice.

26) JÉHOWAH AKIM celui qui relève et transforme

Je suis ce lépreux
Qui te tend ses mains sans doigts
Et ses bras sans mains
Qui te présente ses pieds sans orteils
Et ses jambes sans pieds
Ô Dieu !
Comme je suis malheureux et dégouté de moi-même
Tout ce que je sais faire c'est pécher
Tous mes efforts pour sortir de ce drame
Se soldent toujours en échec
Qui me délivrera
Qui me sauvera de la prison de mon âme
Je suis si mauvais
Que tout ce qui ressort de moi n'est qu'iniquité
Seigneur oblige-moi à te servir
Mon âme oblige-moi à obéir à mon Amour Jésus
Mon âme obéis à l'Éternel
Mon âme soumets-toi au Saint-Esprit
Tout ce que je veux c'est d'être ce que tu veux
Comme un objet sur la mer
Que le vent de ta pensée et le courant de ta volonté
M'entrainent à ta guise
Où tu veux quand tu veux avec qui tu veux
Indépendamment de ce que je pense et ressens
Oui mon maître fais-le car chaque loi à une exception

La loi du péché est telle que la chair ne peut pas résister aux tentations, ni à sa propre volonté c'est pourquoi, l'Amoureux cri à Jésus pour le libérer, pour le sauver.

Le désir de l'Amoureux, c'est qu'il soit enfin libéré, pour être un objet utilisé à la guise de son maitre, pour ne plus jamais dépendre de la chair, cette chair destructrice.

Que la loi du péché en l'homme soit exterminée et que sa volonté soit unie à celle de Dieu.

27) EL OLAM Dieu de l'Éternité

Tu es l'Éternité qui fit son apparition dans le temps

Pour nous révéler le Père

Toute chose fut créée par toi et pour toi

Les visibles et les invisibles

Le seul qui parvint à démolir les murs de mon cœur

Et à y introduire la semence de son amour

Le seul qui fut capable de satisfaire

Le cœur de Dieu et celui des Saints

Depuis lors

Tu es logé et enraciné dans mon cœur

Je ne vis plus que pour toi et par toi

Tu es l'objet de ma pensée

Le cantique de mon être

La beauté de ma vie

L'idéal de mon existence

L'idéologie de mon destin

Comme c'est parfait de demeurer en toi

Comme une flamme dans une maison

Finit par embraser tout l'édifice et le rendre incandescent

Ainsi est la flamme de ton amour au fond de moi

Ton Amour m'a embrasé et je suis devenu ton Amour

Moi et mon Amour Jésus sommes enfin 1

Il faut que je m'unisse à lui

Pour plaider devant le trône de grâce

En faveur de sa vérité pour le monde

Tu es ô Jésus

Celui qui s'est fait connaitre à moi

Tu m'as révélé le Père et en ce jour glorieux et mémorable

Jésus fut le seul capable d'anéantir la puissance du péché et de sauver l'homme, le seul encore qui put réjouir le cœur de Dieu par son sacrifice car aucun homme ne le pouvait. Aucun homme n'était aussi Saint que lui et aussi unis à Dieu le Père. C'est pourquoi, l'Amoureux le loue, lui, maintenant devenu 1 avec ce dernier. Il déclare qu'il faut que lui et son Amour s'unissent pour qu'il puisse chanter à la lumière des hommes, que Jésus est Dieu, le Sauveur du monde, que Dieu est véritablement le Summum de la perfection, que personne n'a jamais connu ni ne peut même imaginer. Il vit pour célébrer Jésus.

Où tu me fis découvrir le trône du Grand Je Suis
Je fus stupéfait par l'immensité de sa majesté
Et par l'éclat de sa beauté
Comme c'était fabuleux
Sous l'aspect gigantesque de sa gloire
Je tombais face contre terre et aucun mot ne fut trouvé
Pour dire ce qu'il est et/ou mérite
Tout ce que je puis articuler face à celui qui est fut
Tu es puissant et suffisant !!!!!!!!!!
Et quelques instants après je m'exclamais
Ô Dieu tu es ce que personne ne peut imaginer
Aucune intelligence dans ce monde et ni même dans le ciel
Ne peut décrire l'immensité de la grandeur de ta majesté
Même ton Fils Jésus
N'a révélé que les deux quart de ta gloire
Comme tu es inédit
Soit ô mon Tout le Summum de la Perfection !
Amen !

28) Mémorandum à toi Amoureux de Jésus

Ô mes enfants, si un jour l'on vous demande
Qui est le frère Sophonie
Répondez
C'est un Esclave Amoureux de JÉSUS
Et si l'on insiste en disant
Que cherche-t-il ce Sophonie
Et que veut-il vraiment
Dites ceci
Sophonie, ce Sophonie

Ne cherche pas les richesses et les gloires de ce monde

Mais il cherche les âmes

Qu'il fera Amoureuses de JÉSUS -CHRIST

Par ailleurs, s'il vous interroge en disant

Que pense-t-il

Dites : il pense JÉSUS

- De quoi vit-il
- Il vit de JÉSUS
- Qu'enseigne-t-il
- Il enseigne JÉSUS
- Que chante-t-il
- Il chante JÉSUS
- Que rêve-t-il
- Il rêve JÉSUS
- Qui le rend si heureux
- Dites
  C'est JÉSUS
  Son Amour son Idéal
  Sa vitalité son bonheur
  Sa richesse et sa fortune

> Le frère Sophonie est l'auteur de ce recueil. Ah, oui, cet Amoureux. Celui pour qui les richesses de ce monde n'ont aucune importance, celui qui cherche plutôt les âmes des hommes dont il fera des Amoureux de Jésus, afin qu'ils connaissent la félicité. Il leur fera connaitre ce Jésus à qui il pense, ce Jésus pour qui il vit, ce Jésus qu'il enseigne, ce Jésus qu'il chante, ce Jésus dont il rêve, ce Jésus qui le rend heureux.

29) À Celui qui vient JÉSUS

Mon Amour

Comme tu es majestueux

Comme ta magnanimité est inédite

Toi qui m'as sauvé du péché

Pour me loger dans ta sainteté

Pas seulement du péché

Mais aussi de la mort

Pas seulement de la mort

Mais aussi de Satan et de Jézabel

Tu es celui qui a étendu sa main puissante

Pour me délivrer de la main des hommes méchants

> Jésus est celui qui préserva et qui préserve encore son Amoureux des griffes de Satan et de ses agents, de Jézabel la Prostituée et de ses agents, des frères et sœurs qu'il croyait vrais mais qui sont faux. Que seul l'Amour de Dieu soit le bouclier protecteur d'un tel Amoureux persécuté, telle est la prière de l'Amoureux de Jésus.
>
> Encore, que seul son Amour, Jésus, soit le seul contenu de son cœur afin que rien ne l'ébranle pour qu'il tienne ferme.

Des faux frères et sœurs qui ont la pierre à la place du cœur

Ô oui, des loups déguisés

Dont la bouche est un tombeau et la langue un sépulcre

Oui Seigneur, tu m'as délivré de ces femmes lionnes

Dont les paroles sont des venins de serpents

Et dont les dires sont des venins de scorpions.

Mon amour

Qu'à jamais ta présence soit le contenu de mon cœur

Qu'à jamais mon cœur ne cesse de glorifier ta bonté

Oui, que je ne cesse jamais de dire avec tous les Saints

Seigneur Jésus tu es le seul qui remplit mon cœur

Et je peux dire qu'il n'y a plus de place pour personne dans mon coeur

Si ce n'est pour Celui qui l'inonde

Jésus ma passion

30) À Celui qui vient

J'irai

Même si mes os sont infestés par le péché

Même si ma chair pullule de l'iniquité

J'irai

Quelles que soient les oppositions

Quelles que soient mes imperfections

J'irai

J'irai témoigner de la bonté de celui qui vient

J'irai proclamer sa béatitude

J'irai

Même si ce que je pense n'est pas ce que je vois

Même si ce que je crois et espère n'est pas ce que je vois

> Il est vrai que la chair est forte, mais au-delà de la puissance de cette chair, Dieu a donné à l'homme une volonté qui lui permet par la grâce de Dieu et dans son union avec celui-ci de faire sa volonté. C'est pourquoi, il ira. L'Amoureux de Dieu ira témoigner à sa gloire afin que le monde sache qu'il est Dieu.
>
> Et le monde, et même l'univers entier, saura que Jésus est Dieu.

J'irai

En dépit des blessures mortelles infligées à mon être

Par les frères et les glaives de Satan

En dépit des moqueries et de la méchanceté satano-humaine

J'irai

Comme un Samson aux yeux crevés

Je me lèverai une seconde fois une dernière fois

Par la grâce de celui qui est

Et le monde entier connaitra et saura

Que Jésus-Christ est le bonheur

31) Mon Amour

Comme les mots me manquent pour dire

La méchanceté hors du commun de ce que je t'ai fait

Je suis ineffablement méchant

Ce que j'ai fait est impardonnable

Même par le Père

Ce que Saul fit n'est rien

Face à la cruauté de mon action

Ô Dieu, j'ai peur de prononcer ton Nom

Je suis tombé plus bas qu'aucun serviteur

Depuis l'histoire n'est tombé

Mon Roi écoute le cri de ton souffle

C'est par toi que j'ai pris conscience de mon désarroi

C'est par toi que je pus relever la tête

Ô monde ! Satan ! Chair ! Écoutez-moi

Il faut que je serve le Seigneur !!!

Il faut que je serve celui par qui et pour qui je vis

Il faut que je serve celui qui m'a introduit sur la terre

> L'Amoureux peut tomber et il est tombé cette fois en effet, car il a péché. Mais il crie à Dieu en avouant son péché afin qu'il lui accorde la grâce de son pardon pour ses innombrables péchés.

> C'est pour cela qu'il parle du cri de « Son » souffle, celui de Dieu son Créateur qui a fait de lui un être vivant. Il demande à Dieu de lui redonner vie et de le relever dans Son estime. Ainsi, il crie à la chair, au monde et à Satan pour que ceux-ci l'abandonnent et le laissent servir son Seigneur, oui, pour qu'ils le laisse vivre pour lui. Amen.

32) Le Mémorandum

Ô Sublime Amour ·

Toi, la réincarnation de l'Amour

Qui quitta ton trône d'amour

Pour faire de moi un être d'Amour

Tu plaças dans mes yeux

Des centaines de millions de récepteurs

Me permettant de …

Dans chacune de mes oreilles, tu mis

vingt-quatre milles fibres

Me permettant de discerner le sifflement des oiseaux,

Le bruit du vent… et le son de ta voix qui me dit : Je t'aime

Tu fis de ma bouche un chef-d'œuvre capable

De louanger le valeureux

D'encourager le déprimé

De glorifier ton nom

De chanter des louanges

Et de proclamer la guérison des cœurs par le son Je t'aime

Un arbre est condamné à rester sur place

Et à être au service de la nature

Mais tu posas en moi cinq cents muscles

Deux cents os et onze kilomètres de fibres nerveuses

Que tu as toi-même synchronisé

Pour me permettre de me déplacer et de dominer l'univers

Dans mon cœur, tu répandis ton amour par le Saint-Esprit

Tu fis de mon cœur une machine inlassable

Ayant près de trente-six millions de battements par an

> Le psalmiste dit dans les psaumes : « Père, je te loue de ce que je suis une créature si merveilleuse ». C'est aussi ce que l'amoureux de Jésus déclare ici, en contemplant et en décrivant la merveille qu'il est, merveille faite des mains de Dieu. Alléluia ! Gloire à Jésus, le Merveilleux Créateur qui fait de nous des créatures merveilleuses !

Pompant près de 2.730.000 litres de sang
Parcourant plus de 100.000 km de veines et de capillaires
Faisant de moi la machine la plus sophistiquée du monde
Les scies et les aciers se rouillent et se brisent
Mais tu me façonnas une peau
Résistante qui se renouvelle
Aucun filtre au monde ne peut égaler
Les poumons que tu m'as donnés
Ils filtrent l'air même dans les endroits les plus nocifs
Au travers de 600 millions d'alvéoles
Et me donne de consommer de l'oxygène pur et vital
Tu mis en moi la vie
Les arbres sont maintenus en vie par la sève brute
Mais tu mis en moi du sang
Et dans mes 5,70l de sang
Tu plaças 22 milliards de cellules
Contenant chacune des millions de molécules
Dans lesquelles se trouvent les atomes oscillants
Plus de dix millions de fois par seconde
Et chaque seconde est marquée par la mort de deux millions de cellules
Et par l'apparition de deux autres millions.
Dans mon cerveau pesant 1.35 kg
Tu plaças treize milliards de cellules nerveuses
Me permettant de retenir chaque instant et chose
Connus depuis le ventre de ma mère jusqu'alors
Tu fis de mon cerveau la structure la plus complexe de l'univers
Pour lui permettre de contrôler mon corps
Tu plaças en lui quatre millions de structures sensibles à la douleur
Cinq cent mille détecteurs sensibles à la température

Ô Dieu, tu fis de moi ta créature la plus sophistiquée
Qui n'a jamais vécu et qui est parfaite pour ta gloire et la tienne seule
Je t'aime Précieux Jésus !

33) Mon Amour, la vitalité de mon être, le Soleil de ma vie

Que c'est misérable de vivre sans toi
C'est comme un homme qui pleure
Et qui se lamente aux pieds d'une montagne de diamant
Que c'est misérable de vivre sans ta présence
C'est comme un soldat qui traverse le désert sans eau
Que c'est malheureux de vivre sans ta chaleur
C'est comme un humain sans équipement
Essayant de traverser les pôles
Ô Dieu, jusqu'à quand supporterai-je ce vide
Cette calamité, ce désarroi, cet enfer
Sans ta présence, la vie est plus que l'enfer
Je suis perdu au milieu de ce monde perdu
Où les perdus essaient de se persuader qu'ils sont heureux
Je préfèrerai n'être jamais venu au monde
Que d'être abandonné de toi Seigneur
Je suis confus, je suis inutile, je suis bizarre sans toi mon Amour
KOUZECK (celui qui a pitié), laisse la lueur de ta lumière traverser
Par la porte de ta magnanimité, ta longanimité et ta miséricorde
Et m'arracher de l'obscurité des ténèbres
Avant que je ne devienne aveugle
JÉSUS !!!!...

> Un Amoureux désire à tout prix repartir auprès de son Amour. Qu'est-ce que le monde en effet, si ce n'est que tourments et souffrances intarissables ? Que le Seigneur n'abandonne pas son Amoureux dans ce monde perdu, mais qu'il le prenne à lui. Amen : qu'il en soit ainsi.

34) Mon Amour Jésus

J'ai honte de m'approcher de devant ta face

Même les larmes et les consolations des hommes
Ne peuvent donner un iota de paix à mon âme
Comme un criminel souffrant
Sous le jugement de sa conscience
Me voici Seigneur
Pour tout le bien que tu m'as fait
Je ne t'ai remis que le mal.
Tu m'as aimé mais je t'ai haï
Tu m'as sauvé mais je t'ai trahi
Tu m'as donné ta vie
Mais je t'ai donné le pire de moi
Amour contre haine
Honneur contre humiliation
Vérité contre mensonge
Élévation contre mépris
Voilà Seigneur
La réponse des hommes à ton amour
J'ai déshonoré mon Seigneur
Et je récolte la calamité et le désarroi
Comme un roi dans un couloir
Je suis assujetti par les terreurs du désarroi
J'ai semé dans le vent du péché et je récolte dans la tempête du jugement
J'ai planté dans le vent de l'iniquité et je récolte dans la tornade du châtiment
J'ai semé dans le vent de la débauche et je récolte dans l'ouragan de la souffrance
Dans ton océan d'amour, j'ai planté la haine et l'hypocrisie
Et aujourd'hui, je récolte les fruits de mes œuvres
Que je suis si seul
Que je suis si malheureux
Je regrette d'être né

Une fois de plus, la conscience revient pour dire à cet Amoureux tout le mal qu'il a fait à son Amour, qu'il a pourtant dit aimé. La trahison, la haine, et la douleur contre l'amour, la tendresse, et le sacrifice de son Amour, c'est tout ce qu'il a pu lui donner. L'homme, foncièrement méchant et incapable de bien, l'Amoureux, dont les yeux sont désormais ouverts pour voir le mal qu'il a causé à celui qu'il disait aimé, crie pardon à son Dieu, qu'il reconnait tel son Dieu. Qu'il vienne à son secours.

À toi Père, je lance ce cri de secours !

35) JÉSUS, mon Amour

Ô Divin Amour !

Toi à qui il a plu

Dans ta préséance

De m'introduire dans ta présence

Par le biais de ta grâce

Tu es le parfait oracle

Dont les paroles me propulsent

Sur le chemin de tes miracles

Au sommet de ton pinacle

Où tu me fais contempler ton royaume pittoresque

Tu es l'admirable Beauté

Qui siège au milieu de ta royauté

Où la méchanceté et l'iniquité

Ne peuvent exister

Que mon âme t'exalte toujours

Toi Roi des rois qui

Toujours es digne d'adoration

Et dont la présence fait naitre le jour

Sur tous les peuples

Qui accablés par les ténèbres

Désirent ton bonjour

Je t'aime précieux Jésus

> Louange à Dieu, louange à son Amour qui est Jésus, car il est le summum de la beauté, l'excellence de la beauté et le pinacle de la perfection. C'est, pour lui, son Amoureux, un bien ineffable et même plus, celui qui fait naitre le jour et qui fait s'incliner ou trembler, et qui anéantit le monde des ténèbres par son admirable lumière.

36) Sublime Amour

Tu es la réincarnation de la vérité

L'admirable beauté

Dont la clarté me propulse dans ta fidélité

Tu es la personnalité dont les paroles véridiques

Me conduisent dans ton éternité

L'homme en qui habite toute la plénitude de la divinité

Et dont les sublimes paroles ont refoulé et confondu toute adversité

Et prôner la divine réalité.

Ô pittoresque Seigneur ! Dont l'éclat est inexprimable

Dont l'élan de cœur est inédit et la charité ineffable

Tu vins fidèle Amour au milieu

Du sable, de l'adversité, de la haine

De l'obscurantisme de ce monde

Semer ta graine d'amour

Pour donner de l'espérance et restaurer l'irréparable

Qu'eurent causé l'iniquité et le péché des hommes

Tu vins te donner en sacrifice pour la rançon de tous

Ainsi toute la création vit l'éternité que tu es mourir

Pour sauver des générations infinies

Toi qui es l'infini de Dieu

Tu mourus pour le salut éternel d'une infinité de personnes

De toute race et tribu

À toi la gloire, admirable Jésus

JÉSUS est l'ineffable bonté qui a payé le prix pour le salut de tous les pécheurs, de tous les hommes.

Jésus-Christ vint semer sa graine d'amour au milieu de la méchanceté des hommes et c'est cela qui a engendré le salut de plusieurs, indistinctement de la race, de la tribu, de la nation.

C'est à cet Amour que l'Amoureux rend grâces.

37) L'Amour de mon existence JÉSUS-CHRIST

Quand le monde me regarde avec dédain

Tu m'abrites dans ton jardin

Et me fais savourer les richesses de ton Eden

Où ta présence et ton amour

Réduisent mon désarroi au déclin

Alors que le monde l'abandonne, alors que le monde le rejette, Jésus reste le seul qui ne l'abandonne pas. Il est le seul qui le comble et le protège de son amour, le guérit et prend soin de lui. Cet amour vaut mieux que tout, que le vin, que tout ce qui se trouve sous le soleil. L'amour de Dieu, véritablement, comble pleinement, à un degré de bonheur ineffable.

Ton Amour vaut mieux que le vin

De tout ce qui apporte joie, allégresse, enthousiasme

De tout ce qui attire sous le soleil

Ton Amour Jésus est sans pareil

38) Ma vitalité, JÉSUS

J'étais mort

Mais comme Élie avec le fils de la veuve

Tu t'es épanché sur moi trois fois et m'as redonné la vie

Comme Élisée avec le fils de la Sunamite

Tu as mis ta bouche sur ma bouche

Tes yeux sur mes yeux

Ta main sur mes mains

Afin que ce que je touche soit ce que tu touches

Ce que je vois soit ce que tu vois

Et que ma bouche soit ta bouche

Je t'aime mon Amour

Car c'est en toi que je trouve la félicité

C'est par toi et pour toi que je vis

Et ma vie n'a de sens qu'en toi lumière du monde

Ta présence me ravit

Et est mon plus bel instant d'extase et d'euphorie

Mes moments passés en ton sein sont les plus glorieux

Les délices de notre Amour ainsi que des moments passés ensemble

Sont ce qui m'arrache des saintes larmes

Je t'aime Sublime Trésor

> L'union, la communion avec Dieu, son Amour, par le salut de son âme et la résurrection de son esprit fut la puissance initiatrice, le déclenchement de sa vie en Jésus-Christ. L'Amoureux a connu l'existence, la vie et l'euphorie par la vie que Christ lui donna quand il s'épancha sur lui comme un père qui sauve son enfant. Et comme pour la Sunamite dans la bible avec Élie et son fils, Jésus l'a sauvé.

39) Ma félicité, l'Absolu JÉSUS-CHRIST

Qui peut être comme toi

Qui peut faire comme toi

Qui peut exister comme toi

Tu es celui qui dépasse l'entendement des hommes

Tu défis l'imagination et la créativité de l'homme

Toi, Parfait Jésus

Par ta puissance, tu façonnas la terre

Et y plaças l'homme et tout ce qui existe

Tu fis de la terre ce vaisseau spatial

Transportant en son sein

Près de dix milliards d'hommes

Tu fis d'elle un aimant capable

De retenir par sa force d'attraction son contenu

Pour l'empêcher de s'évader dans l'espace

Tu fus avant toute chose

Car tu t'appelles Je Suis

Toi l'Alpha et l'Omega

Tu traversas l'espace et l'éternité

Pour sauver ta création

Tu fis ton apparition dans le temps

Toi qui es éternel

Tu vins pour donner au peuple meurtri par le péché, la vie

Tu vins pour être la solution aux problèmes de l'humanité

Les lois qui t'accompagnaient

Changèrent la face de l'histoire et lui donna un sens

Tu changeas la loi de la mort de la condamnation

Par celle de la vie de la liberté

L'homme qui jadis passait de la vie à la Mort

Vit naitre une nouvelle loi

Celle qui lui permet dorénavant de passer de la mort à la vie

Dieu créa l'homme, il créa la terre gouverné par un système de lois et de principes qui ne lui permettent pas de s'effondrer, pourtant aussi chargée qu'elle l'est. Mais la terre tient. Oh ! Même les scientifiques contemplent encore ce mystère pourtant inexplicable jusqu'ici et même pour toujours. Dieu créa, et c'est parce qu'il créa que l'Amoureux sait qu'il était avant toute chose, donc, l'Alpha.

Et c'est encore lui qui connait la fin de toute chose, donc l'Omega. Il est venu lui-même sauver sa création parce qu'il savait que personne ne pouvait la sauver. Et avec lui, vinrent de nouvelles lois qui n'ont pas été révélées aux hommes. Ces lois qui leur permit de passer de la mort- produite par la condamnation du péché, à la vie de la liberté en Jésus-Christ ; la loi de la nouvelle naissance qui au lieu de faire vieillir l'homme, le rajeunissait pour qu'il vive de nouveau- car à la connaissance de Dieu, tout devient nouveau ; la loi de la condamnation à l'enfer par le péché est devenue celle de liberté pour le paradis, par la vie. Jésus a véritablement marqué la terre de façon incontestable.

Ceux qui autre fois passaient de l'enfance à la vieillesse

Furent éclairés par la loi de la nouvelle naissance

Ce qui permet de passer de la vieillesse à l'enfance

Comme Nicodème…

Tu vins afin que l'univers passe des ténèbres à ton admirable lumière

Tu vins et porta en ton sein, toute l'humanité sur la croix du Calvaire

Et le fît passer de l'enfer au paradis

Car, aucune autre créature ne fut digne de le faire

Ô Jésus, tu fis ce que personne ne pouvait

N'a pu et ne fera jamais

Que ce soit parmi les hommes ou parmi les anges

Ultime Jésus, je t'aime

Unique Jésus, je t'aime

Ton passage sur la terre laissa les traces et signes irréfutables

Qui attestent qu'un jour Dieu visita la terre

Par ton Amour ineffable tu fis l'inimaginable

Tu pleuras pour que nous ne pleurions plus

Tu mourus notre mort pour que nous vivions ta vie

Tu traversas l'enfer pour trois jours

Afin que nous héritions le paradis pour l'éternité

Comme une pierre en contact avec le feu s'éclate

Au midi de Golgotha, les pierres se mirent à exploser

Car toi Seigneur, le Rocher des Âges

Traversais le feu de l'enfer

Ce jour-là, le soleil refusa de donner sa lumière pour trois heures

Parce que toi Seigneur, le véritable soleil du monde s'éteignait pour trois jours

Ce jour-là, les ténèbres remplirent la terre

Parce que toi Le Monarque de l'Univers, la Véritable lumière

Traversais l'obscurité des ténèbres de la géhenne

Il s'est sacrifié afin que, les hommes n'aient plus à mourir pour leurs péchés.

Il a supporté le feu de l'enfer pour les hommes. Et la révélation est que, à la traversée de l'enfer, les rochers se brisèrent, parce qu'il est Le Rocher des Âges et qu'il traversait l'enfer. Le soleil de même ne donna plus sa lumière durant trois heures, parce qu'il est-comme le dit sa parole- le Soleil Levant qui traversait l'obscurité des ténèbres durant trois jours. Et tout, et tout, fut fait de façon symbolique pour et par le Monarque de l'univers, JÉSUS.

Ce jour-là, la terre trembla, le vent souffla, le tonnerre gronda
Il y eut des éclairs dans les cieux
Toute la création fut dans la joie
Car ton sang la libérait de la malédiction du péché
De la mort et de l'enfer
C'est pourquoi il est dit qu'il y aura une nouvelle terre et de nouveaux cieux
Ce jour-là, le séjour des morts ouvrit ses entrailles
Et laissa sortir les morts qui étaient en lui
Car toi Seigneur, la véritable résurrection
Était en promenade dans ce lieu
Tu vaincus le séjour des morts et lui arracha l'autorité
Tu donnas un K.O. à la mort et revins vivant
Muni de la clé de la mort et du séjour des morts
Tu es la réponse à toute question
Tu es la solution à tout problème
Quand l'humanité gémissait dans les ténèbres du péché et de la mort
Ton apparition fut avec la trompette d'alarme qui disait :
« Je suis La Vie, Je suis La Lumière du monde, Je suis Ton Réconfort »
Face à la disette, tu dis :
« Je suis le Pain de Vie »
Face à la maladie, aux fléaux et à la peste qui minent le monde, tu dis :
« Je suis La Guérison »
JE T'AIME SUPRA JÉSUS, CELUI QUI S'APPELLE LE GRAND JE SUIS !

> JÉSUS vint encore pour vaincre la mort et donner la vie aux hommes, la lumière aux hommes, le réconfort et la force aux hommes. Il avait tout préparé et est venu à ceux qui l'ont reçu.

40) Mon Amour absolu

Par la force de ta grâce et par la puissance de ton Amour
Tu m'as ramené du désert
Et tu m'as fait monter dans ta présence parfumée
Comme une fumée libérée vers la liberté

Où ta félicité me plonge dans ton éternité

Tu m'as fait marcher sur ton chemin tracé

Où tes mains percées déversent sur-moi ton sang versé

Et dans le creux de ton Rocher

Tu me fais savourer l'euphorie de ta beauté

Et exhaler le parfum de ta pureté

Tu es l'unique Seigneur

Tu es l'ultime Seigneur

La beauté parfaite

L'être sublime qui satisfait

Celui qui donne de la valeur au paradis

Qui a traversé les montagnes de mes péchés et les collines de mes faiblesses

Pour me saisir et me faire entrer dans ta demeure parfaite

Jésus, je t'aime !

JÉSUS-CHRIST sauve son Amoureux et le ramène de la perdition, du monde perdu où il était pour sa présence permanente et satisfaisante, et comble celui-ci dans un lieu caché, le creux de son Rocher. Il n'a pas lésiné sur les moyens de chercher, de trouver, de conquérir son Amoureux, mais il l'a fait pour que celui-ci voit que Dieu l'aime.

41) EL OLAM, Dieu de l'éternité

Tu es l'Amour

Le véritable Amour

Qui vint pardonner l'impardonnable

Au sein du monde insupportable

Qui peut décrire la grandeur et l'immensité de ton amour

Toi, la réincarnation de l'amour

Ton Amour o Dieu est fort

Plus que la mort

Qui peut le vaincre

Ni les eaux, ni les vents, ni les persécutions, ne pourront le vaincre

Aucun péché, aucune faiblesse ne pourra le vaincre

Parfait Jésus, je t'aime.

L'amour de Dieu est invincible, car il ne dépend pas de ce que l'homme fait, il ne dépend pas des troubles du monde, mais de Dieu lui-même, qui, lui-même est Amour.

42) le Véritable berger

Je me souviendrais toujours de ce que tu as fait pour moi
Égaré dans le péché
Aveuglé par l'iniquité
Éloigné de ta sainteté
Accablé par la culpabilité
Ton amour m'a cherché
Tes yeux m'ont regardé, et tes pieds ont marché
Sur les eaux et les montagnes de mon abomination
Et tu m'as trouvé
Je me souviendrais toujours de cette beauté sublime
Qui quitta sa gloire pour m'enlever du bourbier
Du sable mouvant et du désarroi du péché
Je me souviendrais toujours
De ce jour où la mort m'était préférable
Et que les larmes de mes yeux
Avaient séché à force de couler
Ce jour où rien ne valait plus pour moi
Ni la compagnie des hommes
Ni celle des frères
Ni les plaisirs
Ni les richesses
Et tout ce que le monde pouvait m'offrir de bien
Ce jour où succombant sous le poids de la damnation
Même prier m'était impossible
Et les quelques mots murmurés par mes lèvres
Semblaient ne pas traverser le toit
Mais tu m'as cherché
Mais tu m'as trouvé

> Reconnaissance à Dieu, reconnaissance indicible qui ne s'estompera jamais. Dieu a aimé son Amoureux, même quand il est tombé dans le péché, et a désiré la mort. Il a aimé son Amoureux, mais a haï le péché. C'est pourquoi, il l'a encore sauvé, avec des larmes d'amour qui déferlaient sur ses joues.

Mais tu m'as touché

Et de tes bras d'amour, tu m'as embrassé

Et de tes yeux, je vis couler des larmes d'amour, o Jésus !

O Jésus, Mon Amour ! Soit à jamais le pinacle de la Jérusalem céleste

Alléluia !

43) À mon puissant Amour Jésus

L'amour de Dieu est ineffable

Comme tu es bon ô mon Dieu

Tu es pour moi plus qu'un père

Même quand le monde m'avait rejeté

Même quand les frères m'avaient maudit

Même quand les sœurs m'avaient calomnié

Et quand les païens me qualifiaient de fou

Tu n'as cessé de me dire : « Je t'aime d'un Amour éternel »

Pour moi, l'amour que tu manifestas

Dépassa celui du fils prodigue.

Car pour lui, il se repentit et retourna vers son père.

Mais pour moi, c'est toi Jésus qui vint à ma recherche

Et me trouva dans le désarroi et dans l'abomination

Cependant de tes bras d'amour, tu m'embrassas

Précieux Roi, je t'aime.

> L'amour de Dieu l'a sauvé au-delà même de l'abandon des frères, de la médisance de celles qui disaient être des sœurs, des païens même qui le disaient fou. Mais Dieu, ne l'a jamais abandonné. Comme il l'a promis dans sa parole, il a aimé d'un Amour éternel, l'amour qui ne tarit pas, l'amour de Dieu.

44) JÉSUS mon Amour

Qu'ai-je eu de si différent

Pour mériter un si grand Amour de ta part

Précieux Jésus, personne ne peut mourir pour ce qui ne sert à rien

Personne ne donnerait sa vie pour un objet vil

Personne ne pourrait courir le risque de perdre sa vie en allant après un fou

Au milieu des abeilles qui le dévorent et qui le réduisent en impureté
Mais tu as Seigneur, traversé les barrières de mes iniquités
Vogué sur l'océan de ma débauche,
Au milieu de la tempête de ma folie
Et des montagnes de mes imperfections
Où accabler par le désarroi et ne désirant que la mort tu es venu à mon secours
Comme Jonas, tu m'as sauvé et ma pris dans tes bras d'amour
Et par tes ciseaux de charité, tu coupas ma chevelure de rébellion
Ma barbe de mensonge, mes haillons de pornographie et de fornication
Tu déchiras mes souliers de banditisme
Et tu mis à mes pieds des chaussures d'évangélisation
Et me revêtis d'un vêtement d'amour
Et à mon doigt, tu plaças un anneau d'or
Tu fis de l'animal que j'étais
Un Esclave de Jésus rempli de félicité
À toi la gloire, pinacle du royaume céleste
À toi la gloire, summum de la trinité
Précieux Jésus, je t'aime !

> L'Amour de Dieu brisa tout, tout ce que le monde, ni les hommes ne pouvaient briser ou changer en l'Amoureux. Il a défié lui-même les faiblesses et la têtutesse de ce rebelle pour faire de lui un être remplis de l'Amour de Dieu, un être complètement méconnaissable.

45) À mon salut, l'Absolu JÉSUS

C'est toi que je veux
Et non les richesses de ce monde
C'est toi que je veux
Et non les prestiges de cette terre
C'est toi que je veux
Et non la gloire de cette planète
Ce ne sont pas les perles somptueuses qui m'étonnent
Ni tout l'or de l'Afrique, ni tout le pétrole de l'Arabie
Ce ne sont pas les diamants et la beauté spatiale qui m'égaient

> JÉSUS seul comble. Aucune autre chose, ou être n'a de prix, en dehors de Jésus, car lui seul comble le cœur de l'homme.

Mais c'est toi que je veux

Ce ne sont ni les acclamations

Ni les honneurs, ni la longévité, ni le bien-être

Mais c'est toi que je veux

Ni le mariage

Ni les plaisirs sexuels

Ni la religion, même si elle est la meilleure

Ne pourront combler un iota de mon âme qui soupire après toi

Abba ! Ce n'est ni la vie, ni ce que tu me donnes

Mais c'est toi qui peux combler mon être

JÉSUS, c'est toi que je veux

Et non ce que tu me donnes

C'est toi que je veux et non le monde et tout ce qu'il contient de précieux

C'est toi que je veux et non pas ma vie ou celle des autres

C'est toi que je veux et non pas les mystères de ce monde

C'est toi que je veux

C'est toi que je veux

C'est toi que je veux

Jésus ! Jésus ! Jésus !

AMEN !

46) Le Conducteur absolu de ma vie

O Abba ! Écoute le cri de mon cœur

Qui s'élance de la terre vers le ciel

Qui s'allie aux rayons du soleil

Et qui se fraie un passage dans les nuages

Pour atteindre ton trône

Que le gémissement de mon esprit

Tonne devant ton sanctuaire

> Le désir du cœur de l'Amoureux est que son Amour puisse être le conducteur de sa trinité : de son esprit, de son âme et de sa chair et le guider totalement dans tout ce qu'il doit faire. Qu'il soit le seul à qui, il appartient.

Que le cri de mon âme

Résonne devant ta majesté

Et que mon être se prosterne devant ta sainteté

Ô parfait Jésus, puisses-tu être le conducteur de ma trinité

Puisses-tu t'installer au volant de ma vie

Au centre de mon destin

Au cœur de ma destinée

Puisses-tu être le propriétaire ultime

De la voiture que je suis

Comme un cheval transportant et marchant sous les ordres et le contrôle de son cavalier

Seigneur, je veux être une voiture roulant sous l'ordre et la conduite de son chauffeur

Je veux être comme un avion piloté à la guise de son pilote

Je veux être

Je veux être la voiture de Dieu

Qui transporte son Fils Jésus

En tout lieu sur cette terre

Je veux être le cheval de Dieu

Qui porte sur mon dos, le Prince de gloire

Je veux être cette maison qui abrite

Le Saint des saints, l'Agneau de Dieu

> Être pour son Amour, agir par et pour son Amour, bref, vivre par et pour son Amour, c'est ce que l'Amoureux désire.
>
> C'est en effet, être tout simplement son instrument utile et favoris, par lequel il pourra tout, et tout ce qu'il veut.

Je veux être cette locomotive qui amène mon Maitre

Dans tout lieu de sa volonté

Et qui se réjouit en spectateur à la vue de tout ce qu'il opère

Ah ! Seigneur, daigne m'exaucer s'il te plait !

47) La réincarnation de l'Amour, JÉSUS -CHRIST

Ô l'Amour !

Qu'est-ce qui a plus de vertus que l'Amour

Qu'est-ce qui peut l'égaler dans l'univers

Il est fort comme la mort

Qu'est-ce qui peut le submerger

Même les grandes eaux ne peuvent l'éteindre

Ni les fleuves le submerger

Il est la vie, la vie-même de la vie

L'invincible adversaire qui ne périt jamais

Même face à la mort, face à l'injustice

Face aux mensonges, face à la cruauté et à la méchanceté

Qu'ils soient de Satan ou des hommes

Face au désarroi et à l'ineffable calamité

L'Amour ne périt jamais

Face au summum de la méchanceté satano-humaine

Oui, c'est l'Amour

Oui, il est la félicité

Alléluia !

> Rien ne peut vaincre l'Amour, l'Amour de Dieu.
>
> C'est par cet Amour, que les apôtres ont tenu bon, jusqu'à la fin.
>
> Rien ne peut ébranler l'Amour de Dieu. C'est ce que d'ailleurs a prouvé Jésus en ressuscitant ; et l'Amoureux, l'a bien reconnu.

48) JÉHOWAH NAS, L'Éternel qui pardonne

Sanctifie ton esclave

Redonne vie à mes os desséchés par l'iniquité et par le péché

Redonne vie à mon être putréfié par l'abomination

Redonne vitalité à ta vie en moi ô Sublime Sauveur

Comme un sépulcre blanchit, me voici

Comme une coupe qui parait belle à l'extérieur

Pourtant purulente à l'intérieur, me voici

Comme un instrument vil incapable de tout

Et ne méritant que la poubelle, me voici

Quelqu'un entend-t-il ma voix

Quelqu'un comprend-t-il ma situation

Rejeté de tous

> Quand l'Amoureux blesse son Amour, quand il se rend compte de son acte et revient vers lui, il ne peut que crier à son secours. Et maintenant, ce n'est que la nature miséricordieuse de Dieu qui pourra de nouveau le sauver et le faire remonter à son estime. Tout ceci pour lui faire accomplir la destinée qu'il a établie pour lui.

Répugné des hommes, du monde et du diable
Combattu et détenu esclave par ma propre chair, me voici
Qui me délivrera
Qui viendra à mon secours
Qui pourra me sauver de ces adversaires cruels
Qui ?
Qui pourra sauver ce que Dieu semble laisser inchangé
Même la force pour crier m'est privée
Même la voix pour prier m'est privée
Même la conscience pour regretter et pleurer m'est privée
Anesthésié et paralysé par le venin de mes multiples adversaires
Couché près de la piscine de Bethesda
Gisant sous le fardeau de mes iniquités
Gisant dans la solitude au milieu de la multitude, me voici
Gisant sur le vaisseau spatial de ce monde
Portant en son sein près de sept milliards d'hommes
Et destiné pour la géhenne, me voici
J'ai trahi mon Amour
J'ai déçu mon bien-aimé
Comme un insensé j'ai blessé celui qui pouvait me sauver
J'ai irrité celui par qui et pour qui je vis
Puisse sa nature le pousser à me regarder différemment
Comme j'ai honte de m'approcher de mon Créateur
Puisse sa miséricorde et sa longanimité m'accorder sa grâce
Comme Pierre, tout ce que je peux
Avec toute mon énergie, avec toutes mes réserves
Même si après je devrais mourir
C'est de dire : « A qui d'autre irai-je si ce n'est à toi ? »
Mon Dieu, au fond de l'océan de ma rébellion

Que le poisson de ta miséricorde m'avale

Et que ta magnanimité me vomisse au Ninive des 53 nations

Et que le monde connaisse que Jésus est la félicité

Jésus mon Dieu, écoute ce cri de désespoir

Et rétablis ton esclave !

Amen !

49) JÉSUS le Véritable

Écoute le cri de ton esclave qui s'élance dans les cieux

Qui se fraie un chemin dans les nuages pour tonner devant ton trône

Tu es incomparable

Te comparer peut sembler sot

Tu n'es pas un Dieu mais tu es le Dieu

Tu n'es pas un Roi mais tu es le Roi

Tu n'es pas un maître mais tu es le Maître

Tu ne donnes pas seulement la vie mais tu es la Vie

Tu ne donnes pas seulement la paix mais tu es la Paix

Tu ne donnes pas seulement l'amour mais tu es l'Amour

Aucune intelligence ni sur cette terre ni dans les cieux

Ne peut décrire l'ineffable grandeur de ta sublimité

Tu es plus que la béatitude.

Si ma respiration pouvait être transformée en parole

Et si les paroles pouvaient tout exprimer

Si seulement, les battements de mon cœur pouvaient tous en commun

Essayer de dire, un à peu près de ta grandeur

Je me réjouirais de proclamer ta gloire même dans mon sommeil

Même en mangeant, même en chantant, même en marchant

Ô Seigneur, tu ne m'as pas seulement révélé le Père, mais tu es toi-même le Père

Tu n'es pas seulement le chemin qui mène à Dieu, mais tu es toi-même Dieu

> Proclamation de l'unique Dieu que le Dieu de l'Amoureux est. Ce dernier loue son maitre par les mots et la vérité qui lui ont été révélés.
>
> Jésus est le Roi, le Dieu, le Maitre, la Vie, la Paix, l'Amour. Il est plus que tout, et seul le registre des hommes empêche à l'Amoureux, de proclamer tout ce que son Dieu suprême, JÉSUS, est.

Tu n'es pas seulement le pain de vie mais tu es toi-même le Pain Vivant

Ô mon Amour Jésus, soit à jamais la Cause de l'Existence

Alléluia !!!!!!!

50) Celui qui fait grâce

Comme j'ai honte d'appeler le nom de mon Amour

Je bénirai celui qui m'a aimé

Je bénirai le Nom de celui qui m'a supporté

Je bénirai le Nom de celui qui m'a relevé

Je bénirai le Nom de mon Jésus

Qui m'a délivré du cercueil en or

Et de l'épée ailée

Oh oui ! Si l'Éternel ne garde

Celui qui garde, garde en vain

Alléluia à toi MEKADICHEM

Délivre-moi des miens comme tu le fis pour ton Fils

Ô Roi, afin que je fasse ce pourquoi tu m'as introduit sur la terre.

> Alors que l'assurance peut pousser un Amoureux à croire qu'il est infaillible, les circonstances l'effondrent et seule la grâce de Dieu vient à son secours. C'est pourquoi, il peut crier Alléluia, car celui qui garde par ses propres forces, garde en vain, mais Dieu, garde pour de vrai.

51) Ô Amour Divin

Comme tu es Précieux, toi, mon travail et mon salaire

Comme tu es beau mon Idéal et mon Idéologie

Comme tu es parfait toi mon objectif et ma réussite

Si seulement, je pouvais

Vivre avec toi et pour toi

Prier avec toi et par toi

Chanter avec toi et pour toi

Admirable Trésor

Tu es plus Précieux que la vie

Tu es plus précieux que ce que tu as créé

> Le plus sublime cadeau, le plus sublime salaire et le plus sublime travail, c'est Dieu, Jésus. Le Seigneur Jésus est celui-là même qui fait resplendir la création par sa Beauté. Il est en effet, le noyau de la genèse, de la création.

Tu es plus précieux que l'univers

Ineffable Manne

L'existence serait absurde sans ta présence

Le paradis serait sans valeur sans ton éclat

Toute l'humanité et l'éternité seraient inertes sans ta vitalité, Supra Jésus

Sois à jamais le noyau de la Genèse

Admirable Seigneur !

52) Celui qui a pitié

Ô Dieu ! Celui qui a pitié

Je viens à toi avec la chair sur mes os et les vêtements sur ma chair

L'épée du péché vient de déchirer mes habits

Et sa lance vient de transpercer ma chair

Permettras-tu que son venin brise mes os

Alors je retournerai à la terre de l'oubli, dans l'abime, dans le gouffre

Où l'on ne peut te chanter Jésus

Où l'on ne peut te louer Seigneur

Où l'on ne peut t'adorer Père

Lève-toi El MEKADICHEM

Lève-toi celui qui sanctifie

Lève-toi et ton esclave vivra

Mon rédempteur aura pitié de moi

Il relèvera ma tête

Il éloignera de moi l'ombre de la mort

Oui ! Sa main me sanctifiera

Et comme un Samson aux yeux crevés

Je me relèverai, je défendrai son Nom

Et démantèlerai les fourberies des tombeurs des justes

Et des mangeuses de destinées.

> L'Amoureux supplie son Créateur de ne pas le laisser sombrer dans le gouffre de la mort. Après avoir été consumé par le péché, il supplie sa grâce de le pardonner, de le délivrer et de le laver pour qu'il frappe et agisse encore avec la force d'un Samson aux yeux crevés. Ainsi, il affirme qu'il dépiécera et exposera les plans et les ruses de ceux qui l'ont fait tomber, pour que plus personne n'y tombe.

53) Cri d'alarme

Évitez-les mes enfants, évitez-les

Fuyez-les mes bien-aimés, fuyez-les

Éloignez-vous d'eux Amoureux de Jésus

Éloignez-vous d'eux

Ce sont des tombeurs de justes

Des agents du monde

Des agents du diable

Ils n'ont pas de cœur

Ils ont la pierre à la place du cœur

Ce sont des accusateurs

Des destructeurs des Saints

Ivres du sang des justes

Creuseurs des tombes des élus

Ils sont rusés comme leurs maitres et maitresses

Faisant semblant d'aimer Dieu, ils s'aiment eux-mêmes

Ils ne désirent que vous et non Jésus

Ils ne cherchent en vous que des maris ou des femmes

Ils ne cherchent que leur propre satisfaction

Et non Christ notre bonheur

Ils sont prêts à tout pour démolir, détruire, empoisonner

Utilisant votre amour vrai pour eux

Ils se jettent sur vous comme une vipère

Sortant de sa cachette pour tuer sa proie

Ô Dieu ! Amoureux de Jésus, méfiez-vous d'eux

Ce sont des spécialistes de diffamation

Des ingénieurs de la fourberie

Matérialistes et assoiffés d'intérêts

C'est un cri d'alarme à tous les Amoureux et futurs Amoureux de JÉSUS. Ceci, car alors que ces derniers se battent et se battront à chercher JÉSUS, les agents de Satan et tous ses sous-fifres chercheront par la ruse et des contours insoupçonnés à les atteindre. Il leur appartient donc, à ces Amoureux, d'être prudents et avisés de leur ruse, pour ne pas se laisser dompter et détruits, mais surtout, pour atteindre le but, leur Amour et Seigneur, Jésus.

Ils sont à la recherche des personnes dont ils feront leurs proies

Mes enfants, n'hypothéquez pas votre destinée

Sur les cuisses mortelles de Jézabel

Ô notre berger, aide-nous Seigneur Jésus

AMEN !!!

54) Écoute-moi Destructeur

Le ciel est immense et sans limites

Mais la voix de Dieu l'ébranle

Les océans et les mers sont impeccables

Mais le soleil les évapore

Les montagnes, les collines sont rigides

Mais l'homme les terrasse

L'homme, les Hommes sont forts

Mais la mort les émiette

La mort est redoutable

Mais JÉSUS-CHRIST l'a vaincu

Ainsi Amoureux de JÉSUS

Heureux ceux qui mettent leur foi en Celui qui est la vie

Et qui a vaincu la mort et le séjour des morts

Oui ! Heureux ceux qui quittent l'abri provisoire

Pour la randonnée glorieuse

Oui, retourner à la maison où il y a plus précieux que la vie

Alléluia !!!

> Ici, l'Amoureux parle au Destructeur, celui qui détruit les Amoureux de JÉSUS.
>
> Au-delà de tout ce que ce destructeur peut faire, au-delà de la capacité et de la puissance de la nature, au-delà même de la force de l'homme et de la mort, Jésus ébranle tout.
>
> C'est donc l'assurance et le bonheur des Amoureux de JÉSUS, que leur Dieu est Souverain et Maître de tout ; et que le chercher pour le suivre est véritablement la randonnée glorieuse qui mène à la récompense suprême du plus grand trésor que la vie.

55) À ma mère le Seigneur JÉSUS

Ô ma mère comme tu es ineffable

Tu es tout ce que l'homme ne peut imaginer ou exprimer

Dans tes bras d'amour, je veux demeurer

Tes bras sont une tour forte

Qui préserve du monde, du diable et de la chair

Tes bras sont une tour de félicité

Qui jette l'homme dans l'euphorie

Tes bras sont un abri sans pareil

Tes bras, oui, tes bras comme celle d'une mère

M'ont préservé de mes propres excréments

Et de la poussière de mon entourage

Des serpents et des scorpions des champs

Seigneur Jésus, tu es ma mère

Et dans tes bras d'amour, je désire demeurer pour l'éternité

Amen !

JÉSUS-CHRIST n'est pas seulement le Père, mais JÉSUS-CHRIST est aussi la mère. Il est la mère qui lorsque son fils est tombé dans le bourbier, dans ses propres excréments de péchés et d'abominations, n'a pas laissé son fils dépérir, ou sale. Mais, elle le repris, l'a lavé, l'a de nouveau oint et parfumé, pour qu'il soit encore un bel enfant qui témoignera de son ineffable Amour au monde. Jésus est la mère des hommes, Il ne les rejette pas.

56) À celui qui a rédigé le scenario de l'existence, JÉSUS

Qu'ai-je fait pour mériter ta grâce

Qu'ai-je fait pour mériter ton salut

Suis-je meilleur que mes pères

Suis-je meilleur que mes frères

Non !

J'ai simplement trouvé faveur devant celui qui fait grâce à qui il veut

Et qui fait miséricorde à qui il veut

Je ne saurai exprimer l'intensité de la grandeur de ce que tu m'as fait

Même si l'éternité m'était donnée pour le faire

Je ne suis que cette goutte d'eau près de l'océan

Cette graine de poussière près du sable désertique

Mes mots, expressions et signes

Ne sauraient exprimer tes bontés dans ma vie Jésus !

Des griffes du diable, tu m'as sorti

Des filets de Satan, tu m'as sauvé

Tu m'as préservé de la fourberie de Délila

Et des caprices de Jézabel

Avant que la chienne enragée ne me morde

Et que la rage de l'impudicité ne me contamine

Oui Seigneur ! De ta main d'Amour tu m'as cherché

De ta main d'Amour, tu m'as préservé

Oui Seigneur, tu m'as sauvé de la convoitise des sœurs

De l'orgueil des frères

Du mépris des bien-aimés

Et dans notre jardin secret, tu m'appelles

Oui Seigneur, je viens

Avant que le gouffre ne s'ouvre

Avant que le pont ne cède

Je viens

Avant que la trompette ne sonne

Avant que le soleil ne s'obscurcisse

Je viens

Je viens dans le jardin de notre Amour

Pour réjouir ton cœur toi seul.

L'Amoureux racheté ne peut payer le prix de son rachat, de son salut, et de la grâce d'amour et de préservation de Dieu dans sa vie. Il ne peut qu'exalter son Sauveur. Il arrive ainsi à lui dire qu'il vient ; avant que la fin n'arrive et qu'il ne soit trop tard ; avant qu'il n'y ait plus de chance restante pour sauver les hommes, il répond à l'appel de son Dieu. (Apocalypse 16-22).

57) La vitalité de l'existence : le Seigneur JÉSUS

Tu es !

Tu es celui qui est

Tu es celui qui sera

Tu es la centralité et l'universalité de tout

Tu es la satisfaction de la créature et du Créateur

Tu es la réjouissance de la créature et du Créateur

Tu es la vitalité de l'éternité

O que le monde cesse d'en vouloir à Dieu

Car, qui est généreux comme Dieu

Il n'a jamais mangé pour nous laisser affamés

Il n'a jamais souri pour nous laisser dans la tristesse

Il n'a jamais chanté pour nous abandonner dans les pleurs !

Oui

Oui humanité

Oui

Oui éternité

Dieu est un bon Père

Dieu est une bonne mère

Dieu est une bonne nourrice

Ce qui a réjoui son cœur,

Il nous l'a aussi donné

Ce qui a égaillé son âme,

Il nous l'a aussi donné

Ce qui a adoucit son palais,

Il nous l'a aussi donné

Oui oui oui

Il ne nous a rien caché

Ce qui a fait son bonheur,

Il nous l'a aussi donné

Oui, Dieu nous a tout donné

Oui, Dieu nous a donné son bonheur

Oui, Dieu nous l'a donné

Dieu Dieu Dieu nous a donné Jésus

JÉSUS la félicité

JÉSUS le bonheur

JÉSUS la béatitude

JÉSUS le médecin

Jésus-Christ de Nazareth est la centralité de l'existence. Il est celui-là même, qui constitue le tissu de l'éternité, l'Alpha et l'Oméga de tout, l'eau qui étanche la soif du Créateur et celle de la créature. Les hommes ne savent pas que Dieu est celui qui a tout fait pour l'homme et qui s'est privé pour eux.

Ce qui a réjoui son cœur (Jésus-Christ), n'a pas été l'objet de son égoïsme. Mais, il l'a laissé aller afin que ceux qui auraient la clarté de le reconnaitre (comme le bonheur de Dieu), l'aient aussi comme leur bonheur personnel. Il n'a pas été trop chiche, trop dur, pour ne penser qu'à lui, et garder son précieux trésor, mais il l'a aussi donné aux hommes pour qu'ils possèdent ce trésor.

Oui, c'est un bon Père, une bonne Mère. Qu'on cesse de critiquer Dieu, comme si on n'avait pas connu son bonheur unique sacrifié pour le bonheur des hommes. Oui, seulement ceux-là qui n'ont pas accepté ce bonheur, ne connaitront jamais le bonheur et ainsi, ne connaitront jamais le don ineffable de Dieu.

JÉSUS la lumière

JÉSUS la solution

Oui ! Ne mourra de faim, que celui qui refuse

Les vitamines, la nourriture, les remèdes

Que lui offrent ses parents

Merci Dieu pour le précieux cadeau que tu nous as légué

Amen !

58) JÉHOWAH HANNUN, celui qui a compassion des rebelles

Je suis celui qui croit en décroissant

Je suis ce malchanceux pris au piège de ma chair

Je suis ce Daniel perdu au Babylone de ce siècle

Ô ! Y a-t-il une grâce pour moi

Que ma bouche se ferme

Que ma voix se taise

Que mon cœur se déchire devant sa majestueuse Sainteté

Y'a-t-il une grâce pour un Samson aux yeux crevés

Y'a-t-il une faveur pour le fils prodigue

Et quand le Fils de l'homme reviendra,

Trouvera-t-il la foi sur la terre ?

Père, comme j'ai peur de prononcer ton nom

Je n'ose pas ouvrir la bouche

Mais que mon cœur ne se taise pas

Père, écoute le cri silencieux de mon être !

> Parfois, alors que l'Amoureux continue de grandir en sagesse, en puissance et en posture devant son Dieu, son Amour décroit. Cet Amour qui faisait rayonner le cœur de Dieu. Et c'est lorsque Dieu lui révèle cette faille, que l'Amoureux, dans l'amertume de son âme crie à lui, dans la repentance et se souvient de ce qui était la force et la fondation de leur alliance, alliance entre lui et son Amour : l'Amour fou et parfait pour Dieu nourrit par l'Amour de Dieu lui-même. Frappé de honte et de souffrance, l'Amoureux laisse ainsi crier son cœur, lui-même, incapable de crier. Il supplie.

59) JÉSUS ma gratitude

Y a-t-il quelqu'un ?

S'il y'a quelqu'un à qui donner l'ovation

Quelqu'un à qui remettre l'honneur

Quelqu'un qui mérite la gratitude

C'est bien toi Jésus

Y a-t-il un être ?

Y a-t-il un être dans le ciel, sur la terre

Dans l'éternité

Qui mérite la louange et l'honneur

Si ce n'est toi mon Jésus

Merci Seigneur, Merci Dieu, Merci Sauveur

Merci Je Suis ! Merci Éternel !

Je te remercie pour ce scenario préconçu

Par ta puissance ineffable

Car tout a été créé par toi et pour toi

Tu es le charpentier de l'univers

Le cœur de l'éternité

Le sens de l'existence

Et la vitalité de ce qui est ou sera

Tu es celui qui a pu arranger l'irréparable

Tu es l'antidote du péché envoyé avant la création du monde

Pour ressusciter ce qui était mort

Sauver ce qui était perdu

Tu es le seul qui parvint à guérir le cœur de Dieu

Et celui de l'homme

Tu es celui qui a guéri le cœur de Dieu des blessures

Qu'avaient causé les péchés et l'iniquité de tous

Tu redonnas au cœur meurtri du Père la joie

Et il l'exprima par ces mots :

« Celui-ci est mon fils bien-aimé qui fait toute ma joie »

Oh Précieux Jésus

Poème pour dire merci à Dieu, merci à Dieu d'être Dieu. Merci pour sa nature inébranlable, pour sa bonté ineffable, et pour sa grandeur inégalable.

Dans sa grande et sublime sagesse, Dieu a tout prévu, et rien ne peut triompher de lui. Il est véritablement le réparateur de la déchéance de l'humanité.

Dieu a tout fait et préconçu pour que l'homme soit racheté et qu'il n'échoue pas, ayant été racheté. Il est l'antidote même du péché.

Jésus est véritablement venu comme le Sauveur du monde.

Il est le seul qui est venu combler le cœur des hommes que rien ne pouvait combler.

Tu es celui qui put recouvrir le cœur du créateur et de la créature de gaieté

En sorte que cette dernière s'exclama :

Comme une biche soupire après des courants d'eaux

Mon âme soupire après toi Seigneur, sujet de mes louanges

Merci

Merci à toi commencement de toute chose

Merci

Merci à toi qui fus digne d'ouvrir le livre

Merci à celui dont le Nom est au-dessus de tout nom

Merci

Aucun nom, même dans le ciel

N'est comparable au Précieux Nom de JÉSUS

Car ainsi est-il dit :

Tout genou fléchit dans le ciel, sur la terre et sous la terre

À la mention de ce Nom

Merci pour ton Nom

Ce Nom qui ouvre les portes fermées

Ce Nom qui fait plier tout être existant

Ce Nom qui fait plier même Dieu le Père

Car il est écrit :

Tout ce que vous demanderez au Père en mon Nom, il vous le donnera

Merci

Merci à celui qui maintient l'équilibre de l'univers

Merci à celui qui donne un sens à tout.

Merci à celui par qui et pour qui je vis.

Merci à celui qui donne de la valeur au paradis et un sens à l'éternité

Merci

Merci à celui qui était, qui est, et qui vient

Merci

> Il est encore celui qui est venu combler le cœur de Dieu, que trop de méchanceté par les hommes avaient déchiré. Il est le seul qui a descellé le sort de condamnation des hommes pour les libérer et les sauver.
>
> C'est pourquoi l'univers entier l'acclame et le célèbre, car JÉSUS a su gagner le cœur de Dieu et le cœur des hommes. Ainsi, l'Amoureux le célèbre et l'exalte de tout son être. C'est pourquoi l'univers entier l'acclame et le célèbre, car JÉSUS a su gagner le cœur de Dieu et le cœur des hommes. Ainsi, l'Amoureux le célèbre et l'exalte de tout son être.

Merci à toi Monarque de l'existence

Merci

Merci Seigneur JÉSUS, Dieu de l'éternité

Merci

Merci, Mon Amour JÉSUS !!!!!!!

60) Mélodie

Christ est la mélodie du ciel
Le cantique céleste, c'est lui
Christ est la mélodie du ciel
Le cantique des anges, c'est lui
Christ est la mélodie du ciel
La joie du paradis,
Christ est la mélodie du ciel
La lumière angélique, c'est lui
Tu es la mélodie du ciel
Celui qui comble le ciel, c'est toi
Tu es la mélodie du ciel
Celui qui fait la joie de Dieu
Tu es la mélodie du ciel
Le bonheur du paradis, c'est toi
Tu es la mélodie du ciel
La félicité angélique
Jésus est la mélodie du ciel
Le cantique de l'agneau, c'est lui
Jésus est la mélodie du ciel
Celui qui a guéri le cœur du Père
Jésus est la mélodie du ciel
Celui qui a tout réparé par sa vie

Jésus est la mélodie du ciel. Que les hommes le sachent. C'est lui l'essentiel de l'univers. L'essence de l'existence. Celui pour qui nous devons vivre, dépenser et celui à qui nous consacrer. JÉSUS est l'essentiel, la centralité, la vitalité, la raison, l'être de l'existence. Que l'humanité le sache et acclame son Dieu car les anges lui en rendent témoignage, avec tous ceux qui l'aiment. Il est révéré de tout l'univers. Il est la totalité de tout et le prince acclamé des anges ! Cela vaut la peine de l'adorer comme la réjouissance de l'humanité. Un appel à nous tous.

Jésus est la mélodie du ciel
Celui qui réjouit le cœur des Saints
Il est la mélodie du ciel
La joie de l'univers, c'est lui
Il est la mélodie du ciel
Le poumon de l'existence
Il est la mélodie du ciel
Vitalité de l'éternité, c'est lui
Il est la mélodie du ciel
La valeur du paradis
C'est lui la mélodie du ciel
Celui par qui et pour qui tout existe
C'est lui la mélodie du ciel
Centralité de toute chose, c'est lui
C'est lui la mélodie du ciel
L'universalité de toute chose, c'est lui
C'est lui la mélodie du ciel
Le pinacle de l'existence
Mon Amour est la mélodie du ciel
La joie de l'univers, c'est lui
Il est la mélodie du ciel
La valeur de l'éternité…
Que toute la création t'adore JÉSUS
Que toute la création t'adore Shilo
Que toute la création t'adore Seigneur pour tout ce que toi tu es
Que les hommes et les anges s'unissent à l'éternité et à perpétuité
Pour exalter ton Nom Jésus,
Pour célébrer ta grandeur Shilo
Pour magnifier ta beauté Seigneur

Amen !

61) JÉSUS Vainqueur de Golgotha

Ô Vainqueur de Golgotha
Toi qui as guéri le cœur de Dieu
Toi qui as rempli son cœur meurtri, de joie
Et qui l'a poussé à s'écrier
Tu es mon Fils bien-aimé
Qui fait toute ma joie
Ô mon Amour Jésus,
Tu ne cesses de pousser des gémissements
Pour l'humanité et à perpétuité
Toi la centralité et l'universalité de tout
Toi qui as égaillé le cœur de tous
Qui réjouira le tien
Toi qui as rempli de bonheur et de joie
Le cœur du Créateur
Et celui de la créature rachetée
Qui le fera pour toi
Toi qui as donné un cantique nouveau
Aux anges et aux hommes
Le cantique de l'agneau
Qui le fera pour toi
Qui comblera ton cœur blessé
Par l'incrédulité des hommes
Et la rébellion des anges déchus
Qui comblera ton cœur attristé
Par la méchanceté satano-humaine
Ô qui

JÉSUS, lui qui vaincu à la croix pour nous, lui qui as défié Satan et ses principautés pour nous sauver, qui nous as donné une occasion de nous réjouir, et qui a réjoui le cœur du Père, personne ne l'a réjoui lui-même. Personne ne pense à son cœur qui saigne, à la vue de ceux qui foulent son don gratuit pour nous sauver. Personne pour combler son cœur aussi. Même pas les anges qui sont grands en puissance. Personne ne prend soin de lui. Or, il en faut, des hommes qui vont aussi se soucier de Jésus, de lui faire plaisir. C'est ce qu'il veut. Ou sont-ils ces hommes-là ? Jésus en demande. Ou sont-ils ? Le Fils en demande. C'est le cri d'un Amoureux de Jésus, et ce dernier se propose, pour ce faire.

Qui guérira ton cœur

De la cruauté de ceux qui ont foulé aux pieds le sacrifice de ton sang

Ô Jésus ! Ô Jésus ! Me voici ! Nous voici !

Tes talents dans ma vie

Tu peux les enlever si tu le veux

Ta puissance et ton onction sur mon être

Tu peux les enlever si tu le veux

Les frères et les sœurs qui sont prêts de moi,

Tu peux les éloigner de ma vie, si tu le veux

Oui, prends tout !

Tout ce que tu m'as donné

Mais… Cependant…

Donne-moi de réjouir ton cœur

Jésus ! Donne-nous de réjouir ton cœur dès à présent et à perpétuité.

Notes de commentaire :

« Je suis tellement bénie par le livre **LE CRI D'UN AMOUREUX.** En fait, plus j'avance dans la lecture, plus je me sens proche de mon AMOUR JESUS. Au travers de ce livre, j'arrive à l'exprimer presque tout ce que je ressens. J'ai l'impression d'être ivre. Non je n'ai pas l'impression mais je le suis. Oui ivre de celui-là sans qui ma vie n'a pas de sens. C'est vraiment merveilleux.

Ma relation avec mon Jésus a beaucoup changé en lisant ce livre. Que Dieu te bénisse encore pour cet œuvre modeste venant de Lui. Je suis ivre de vie et d'amour ! »

A.J. SAHA Grâce Divine

« Il est ma raison d'être et je l'espère, je crie de tout mon cœur, puisse-t-il me permettre de l'aimer vraiment. Merci papa. Merci pour la vérité et la profondeur de tes poèmes. Tu es une lumière pour l'humanité. Que Dieu te tienne ferme sur le chemin de sa vie. »

A.J. Rachel

« Je bénis celui qui m'a enlevé de zéro pour faire de moi un héros et surtout il est temps que tu sois fier et que tu comprennes que de toi sortiront davantage les véritables serviteurs de Jésus. Merci papa d'être un véritable esclave de Jésus. »

A.J. Cacharelle

« Mami éé… Les derniers poèmes du livre là m'ont seulement fait pleurer… Sois béni mon ami EAJ SBK. »

TADOUM Milaine Danièle

« Avec Lui je suis en confiance et j'ai l'assurance absolue ! Il est l'ultime secret de la vie chrétienne. Plus que jamais, je crois que j'irai jusqu'au bout et j'accomplirai le ce pourquoi il m'a créé avec bravoure ; Comme Lui, par Lui et pour Lui. Il est tout ce que je veux et désire à jamais. Je suis dans l'euphorie !

Il est l'absolu, la réponse à tout, le secret de la vie. Il est l'époux et l'ami glorieux que mon être à longtemps réclamé. Il est la joie et la paix ineffable qui rassasie et satisfait à la perfection mon âme. Il est tout !

Satan est si méchant ! Il distrait l'existence tout entière afin qu'elle n'entre pas en possession de cette vérité, de la sublime vérité qu'est Jésus (larmes). Puisse la création le connaitre dans l'immensité de Sa grandeur et de Sa profondeur. C'est si fort la profondeur que révèle ce livre. Ô Jésus ! Il est tout un mystère. Je suis comblée ! »
AMEN

FEUKENG CHEBOU Orny Fabiola (A.J. DEBORA)

Résumé :

Le Cri d'un Amoureux est un essai d'obéissance au plus grand commandement de Dieu qui stipule que tu aimeras ton Dieu de tout ton cœur, de toute ton âme, de toute ta pensée et de toute ta force (Marc 12 :30 ; Deutéronome 6 :5). Nous avons tous un jour expérimenté la gaieté que procure l'amour : tu as sans doute aimé quelqu'un ou quelque chose tels que ta mère, ton père, tes frères, tes amis, tes bijoux,…et a certainement été dans l'euphorie. Ainsi le bonheur ne se trouve nulle part ailleurs si ce n'est dans l'Amour. Aimer procure le bonheur, mais aimer Dieu ou avoir de l'Amour pour Dieu procure la Félicité. Essaye et tu verras.

Sophonie Blaise KEBANWOU, E.A.J.

Pour nous contacter :

Pour tous ceux qui aimeraient partager avec nous sur ces écrits et nous partager leurs propres écrits, vous pouvez nous contacter au :

(+237) 679 679 208 / 691 501 281 / 656 192 800

GLOSSAIRE

Ce Glossaire a été conçu afin de t'aider à mieux savourer la profondeur de chaque poème qu'émet l'amoureux à Son amour Jésus. Ainsi, toi aussi tu pourras adorer ton Amour Jésus dans la pleine conscience et connaissance de chaque mot que tu liras et le Lui déclarera en retour.

NB : La définition de chaque mot est faite dans un contexte bien précis : Celui de la pensée de l'auteur.

Absolu : 1Parfait ; Total; Dire que Jésus est notre absolu, veut dire qu'Il nous comble de manière parfaite. 2Un Être absolu est un être souverain, qui existe de par lui-même et de qui toute autre chose dépend.

Accabler : 1Entourer ; Combler ; Couvrir ; 2Surcharger, oppresser ou faire supporter des choses pénibles.

Admirer : Apprécier ; Observer attentivement avec un étonnement mélangé à du plaisir ce qui parait beau et merveilleux.

Admirable : Qui est beau, magnifique, merveilleux, extraordinaire ; Digne De respect et d'appréciation.

Allégresse : Joie vive, qui se manifeste au dehors et s'accompagne très souvent des jubilations.

Ange-déchu : C'est un ange exilé ou banni du paradis en punition de sa désobéissance et de sa rébellion contre Dieu ; Ce sont ces anges qui sont au service du Diable.

Antéchrist : Celui qui est opposé à Jésus-Christ, qui est l'ennemie de Jésus-Christ.

Antidote : Substance qui s'oppose à l'effet d'un poison (contrepoison); Remède contre un problème.

Ascendant : Qui va en montant ; Qui grandit; Qui est croissant.

Aspirer : Porter ses désirs fortement et durablement vers un objet ou un objectif, viser à …

Assiéger : Attaquer quelqu'un ou quelque chose avec agressivité de tous les côtés ; Importuner.

Assujettir : Asservir ; Maintenir sous sa domination ; rendre esclave.

Attrayant : Ce qui est attirant, plaisant, séduisant et captivant.

Aubaine : Avantage inespéré qui arrive à quelqu'un ; Bonheur.

Avilissant : Humiliant ; Souillant ; Dégradant.

Béatitude : 1Très grand bonheur parfait et durable ; 2Bonheur éternel dont jouissent les élus au paradis.

Bonheur : État de bien être, de joie, de satisfaction, de plaisir ; Etat heureux.

Bourbier : Endroit plein de boue où l'on s'enfonce facilement ; Situation difficile dont on a peine à s'en sortir (sable mouvant).

Bourreaux : Personnes ou choses cruel et inhumain chargées de persécuter, de tourmenter et de tuer ; Personnes qui martyrisent quelqu'un physiquement ou moralement.

Boussole : La boussole est un instrument d'orientation qui nous permet de choisir et de demeurer dans la bonne direction, à l'aide des quatre points cardinaux. Dans le sens figuré ici, appeler Jésus «La boussole » revient à dire qu'Il est le guide, le conducteur qui nous donne de choisir et de demeurer sur le bon chemin.

Brandir : Agiter dans sa main une arme de façon menaçante comme si on se préparait à frapper.

Brebis-galeuse : Personne dangereuse et indésirable dans un group ; Personne pernicieuse ; Parfois appelé « Faux frère » dans la Bible.

Cabri : Petit de la chèvre ; Chevreau.

Calamités : Grands malheurs qui peuvent frapper quelqu'un ; malheurs irréparables ; désastre ; accumulation de problèmes.

Calomnier : Divulguer des mensonges sur quelqu'un dans l'intention de le nuire, le salir, le déshonorer.

Cantique : 1Chant consacré à la gloire de Dieu, en action de grâce ou en l'honneur des saints ; 2Chant exécuté par les sataniste pour faire du mal.

Cible : Objectif ; but.

Ciel des cieux : Septième ciel.

Clarté : 1Caractère de ce qui est claire, intelligible et facile à comprendre ; 2Lumière largement répandue.

Coi : Muet ; Silencieux.

Communion : Union et partage des idées et des sentiments dans un même esprit.

Complaisance : Disposition de contentement et satisfaction de soi, par facilité excessive. Refus de faire plus d'efforts, mais se limiter au peu qu'on est et qu'on a.

Complexe : Qui contient plusieurs éléments différents et entremêlés ; Qui est compliqué.

Confusion : Embrouille ; embarras ; égarement.

Cribler : Passer au crible revient à écraser, piquer, percer en de nombreux endroits, transpercer quelque chose ou quelqu'un.

Croupissant : Vivant dans un état stagnant et dégradant ; Qui périt.

Cruauté : Méchanceté atroce ; Inclination et plaisir à voir souffrir et à faire souffrir.

Crue : Forte Elévation du niveau et du débit d'un cours d'eau, son débordement.

Daigner : Consentir à faire quelque chose ; Bien vouloir .

Damnation : Châtiment, grandes peines ou punition de ceux condamnés à aller en enfer.

Déclare : Faire connaitre d'une façon manifeste ; Dire de manière décisive et autoritaire.

Déclin : Etat d'une chose/personne qui penche vers sa fin, qui arrive au terme de sa course, qui perd sa force et son éclat.

Dédain : Regarder ou considérer avec mépris, arrogance (comme étant inférieur à).

Déferler : Couler en grande quantité comme une cascade. (Cascade= chute d'eau)

Défier : affronter, braver, surpasser.

•**un défi** : C'est un challenge, une menace, affrontement, obstacle.

Délivrer : Rendre libre d'un danger, de ce qui oppresse et de ce qui fait souffrir.

Démanteler : Démolir, Détruire ; Réduire/Mettre en pièces détachés.

Dépérir : Mourir.

Déployer : Disposer ; Manifester ; Faire preuve de…

Déposséder : Ôter, retirer, priver quelqu'un de ce qu'il possédait.

Dérèglement : Bouleversement ; Anomalies ; Egarement ; Corruption.

Désapprouver : Condamner ; Blâmer ; Critiquer ; Rejeter ; Considérer comme mauvais ou faux.

Désarroi : Trouble profond ; confusion de l'esprit.

Détériorer : Dégrader, Endommager ; Mettre en mauvais état.

Diffamation : L'art de divulguer des informations propres à nuire à la réputation ; Médire ; critique.

Diligence : Promptitude et soin dans l'exécution de quelque chose ; Assiduité.

Disette : Fait de manquer d'aliments, de vivres et de souffrir de la faim.

Divin : Qualité de ce qui est céleste, sublime, excellent, parfait, magnifique et qui se rapporte à Dieu.

Drame : Evènement tragique, catastrophique, malheureux.

Dulcinée : Bien aimé(e) ; Chéri(e) ; Ami(e) intime

Ebranler : Déstabiliser ; Amener par des grandes secousses, une chose à ne plus être dans sa position habituelle ou être moins solide et instable.

Éclat: Intensité vive d'une lumière, apparence brillante qui frappe à l'œil.

Écluse: Porte ou clôture qui se hausse et se baisse, ou qui s'ouvre et se ferme pour retenir ou pour laisser passer quelque chose (selon le contenu).

Égayer : Rendre plus agréable, joyeux, heureux ; Rendre d'une très bonne humeur ; Réjouir.

Elu : Qui est choisi parmi plusieurs personnes ; Personne prédestinée à la vie éternel ; Appelé de Dieu.

Endurcissement : Insensibilité ; Etat de quelqu'un qui a le cœur dur et qui a perdu sa sensibilité.

Engloutir: Avaler ; Consumé ; Absorber ; Enterrer ; Dévorer.

Entendement : Faculté de concevoir et de comprendre ; L'Intelligence, La pensée, la Raison.

Epancher : Se coucher, se déverser sur quelque chose ou quelqu'un.

Eprouvette : Vase ou tube de verre qui sert à recueillir et manipuler des gaz au cours d'expérience (généralement mortelle).

Essence : Ce qui fait qu'une chose est ce qu'elle est, Ce qui constitue la nature profonde d'une chose.

Essentiel : Qui est la partie la plus importante d'une chose ; C'est un élément nécessaire et indispensable.

Estime : L'estime de quelqu'un c'est encore sa valeur, son respect, sa considération ; Sa confiance en soi.

Estomper : Effacer ; Diminuer ; Faire disparaitre graduellement.

Euphorie : Sentiment/Sensation intense de profond bien être, de grande joie, satisfaction et de contentement.

Exalter : Elever très haut par des louanges, Admiration extrême, Rendre honneur à …

Exaspération: Cri de secours, d'indignation, de Ras-le-bol : En avoir marre ; être dégouté (de quelque chose) ; en avoir assez.

Exhaler : Dégager, emmètre ou répandre un élément volatil au dehors de soi tel que une odeur, un parfum.

Exploser : $_1$Se manifester ou s'exprimer de manière soudaine et violente. $_2$Eclater avec violence et bruits.

Extase : Vif sentiment de Plaisir et de joie extrême qui absorbe tout autre sentiment. Etat de contemplation/admiration intense où un être est comme transporté hors de lui, de la vie et des sens.

Evader : S'échapper d'un lieu où on était retenu.

Faveur : Privilège accordé ; bienfait ou don immérité ; grâce.

Félicité : Bonheur parfait et durable ; Bonheur suprême ; très grand bonheur.

Fidèle : Qui ne manque pas à ses promesses, Qui reste dévoué (entièrement consacré) à une personne/chose.

Flambeau: Torche ; Chandelier (support sur lequel on pose des bougies) ; Sert à éclairer et à guider.

Forteresse : Lieu, Puissance ou ville fortifiée, protégeant et mettant ainsi à l'abri tout ce/ceux qui s'y trouve. Généralement les forteresses ne sont pas faciles à ébranler ou renverser. Dire que Jésus est notre forteresse revient à dire qu'Il est notre force, notre protecteur et notre bouclier. Notons que Satan aussi élève des forteresses Satanique et Seule Dieu dans Sa toute Puissance peut les briser.

Fourberie : Art ou manière de tromper quelqu'un ; Ruse ; tromperie ; Fausseté

Gangrène : Ce qui corrompt, pourri et détruit un organisme.

Gémissement : Expression de la douleur, la souffrance par un cri/une voix faible, plaintive et non articulé.

Gisant : Être couché ; Être Etendu par terre, immobile comme une personne morte.

Gloire: Splendeur et Eclat que les vertus, les grandes qualités, les grandes actions ou les grandes œuvres attirent à quelqu'un ; Honneur, Célébrité, Grande renommée brillante, universelle et durable.

•**Gloire des hommes**: L'honneur, les appréciations, les acclamations, les appréciations et célébrations des hommes.

Glorieux : Qui possède la gloire ; Qui est Plein de gloire ; Resplendissant ; Splendide ; Beau ; Magnifique.

Glorifier : Proclamer, admirer, louer les mérites de quelqu'un ; Rendre gloire et honneur à …

Gouffre : Cavité souterraine naturelle, large et profonde ; Abîme ; Fossé .

Gratitude : Reconnaissance, Remerciement d'un bienfait, d'un service .Dire de quelqu'un qu'il est notre gratitude revient dire que nous lui sommes redevables et qu'il mérite nos remerciements.

Guise : A la guise de quelqu'un veux dire : à sa façon, à sa Manière, selon son bon plaisir.

Habitude : Coutume ou façon d'agir, de se comporter, acquise par la répétition fréquente d'un même acte.

Haillon : Vieux vêtement misérable, déchiré et usé.

Honneur : Gloire tirée d'une action remarquable ; Respect, Considération dont jouit quelqu'un d'estimable.

Hypothéquer : Mettre en gage ; Lier ; dépenser.

Idéal: Qui réunit toutes les perfections, qui donne une satisfaction totale et parfaite. Qui correspond avec exactitude à un besoin ; Modèle.

Idéologie : Ensemble des croyances des idées caractéristique d'une personne, d'un groupe, d'une société à un moment donnée ; Doctrine.

Illuminer : Eclairer d'une vive lumière.

Imagination : Faculté que a l'esprit de reproduire des images déjà perçu ; de créer et d'inventer des images.

Immense : Qui est sans bornes, sans mesure ; Dont l'étendue et la grandeur est infinie.

Immerger : Noyer ; Plonger totalement.

Impardonnable : Ce qui est difficile et voir même impossible de pardonner à cause de la gravité de la faute.

Impeccable : Parfait ; Sans défaut ; irréprochable.

Implacable : Invincible ; Tenace (Difficile à redresser ou à faire disparaitre).

Impureté : Ce qui est impur, salle, souillé ; Péché ; Saleté ; Souillure.

Incandescent : Devenir lumineux ou blanc sous l'effet d'une chaleur intense ; brûlé.

Incontestable : Qui est sûre et certain, Qu'on ne pas nier ou disputer.

Incrédulité : Manque de foi et de croyance dans les choses religieuse ou chrétienne ; Scepticisme

Indicible : Qu'on ne saurait dire, exprimer ou décrire ; Indescriptible ; Inexprimable.

Indigence : Grande pauvreté, privation du nécessaire ; C'est un état de pauvreté qui appel les secours publiques et privés.

Inerte : Qui est sans vie ; Qui est sans énergie.

Ineffable : Qui ne peut avoir de mot pour le traduire ou le décrire ; Extraordinaire, Inexprimable.

Inédite : Que l'on n'a encore jamais vu ; Qui est originale, nouveau ; Qui est sans pareil.

Infaillible : Qui ne peut se tromper ; Qui ne peut échouer ou commettre une erreur.

Inlassable : Qui ne se fatigue/épuise pas ; Qui montre une action soutenue et une vitalité inébranlable.

Inonder : Saturer, submerger ou Remplir parfaitement et totalement. Recouvrir entièrement.

Insondable : Qui ne peut être déterminé, exploré ou connu; Qui est impossible ou difficile à comprendre.

Intarissable : Qui ne peut finir ; Qui est Infini.

Intimité : Ce qui est intérieur, profond et secret.

Invincibilité : Imbattable ; Qualité de ce que l'on ne peut pas vaincre, qui est invincible.

Invincible : Qui ne peut être vaincu ; Imbattable.

Iota : très petite quantité négligeable ; Presque rien.

Irréfutable : Dont il est impossible de remettre en cause ; Ce qui est vrai et certain, impossible de nier.

Irréparable : Ce qui est impossible d'arranger, de corriger ou encore de réparer ; Ce qui est définitif.

Jézabel : Prostitué reconnu pour son impudicité et ses capacités de séduire ; Esprit capable de posséder et de détruire par l'impudicité ; Appelé encore sirène, reine des eaux, reine des côtes, Délila, Pervers narcissique etc.

Joug : Asservissement par contrainte résultant d'une défaite. Servitude et soumission total ; Poids.

Jouir : Avoir le profit de… Eprouver un grand et vif plaisir de quelqu'un ou de quelque chose, qui peut parfois s'étendre jusqu'à la sensation de l'orgasme.

Lamente : Pleurer avec plaintes ; Manifester sa douleur, ses regrets avec plaintes et gémissements.

Languir: Eprouver du chagrin de l'absence de quelqu'un ou de quelque chose, ressentir cruellement son absence. Souffrir de la durée d'un besoin au point de manquer de force et d'être dans l'abattement. Attendre longuement et avec impatience de voir quelqu'un qu'on désir vraiment.

Lésiner : Economiser ; épargner.

Limitation : Ce restreint quelqu'un ou quelque chose et l'empêche d'évoluer ou d'avancer ; Obstacles.

Longanimité : 1Patience avec lequel un être puissant et bon supporte les fautes, les insultes qu'il pourrait punir ; Miséricorde ; Clémence ; Indulgence ; 2Patience à endurer des malheurs et des souffrances.

Loups vêtus : Faux pasteurs ; faux prophètes ; Faux amis ; Faux frères ; Satano-miraculeux ; Personnes malicieuses, rusées, pernicieuses, nocives.

Lueur : Faible éclair de lumière (Surtout de la lumière réfléchi).

Lustre : Aspect d'une chose brillante, éclatante et lisse.

Macabre : Ce qui est macabre est ce qui est triste, effrayant, sombre, funèbre et éveille l'idée de la mort.

Magnanimité: Générosité ; Amour ; Clémence ; Bonté ; Miséricorde.

Magnifier : Elever très haut par des grandes louanges la grandeur de quelqu'un ; Célébrer ; Glorifier.

Majesté : 1Titre donné aux rois et empereurs héréditaires 2Grande beauté et éclat admirable 3Grandeur suprême qui inspire le respect et la révérence.

Majestueux : Qui est très beau et éclatant ; Digne de respect, d'honneur et d'admiration.

Manne : Nourriture que Dieu fit tomber du ciel pour nourrir et rassasier les enfants d'Israël dans le désert.

Mélodie : Pièce de musique vocale accompagnée de sons, du quel résulte un chant agréable à l'oreille.

Mémorandum : Note des choses à ne pas oublier, à garder en mémoire et dont on veut s'en souvenir.

Mépris: Sentiment, attitude traduisant que l'on juge quelqu'un ou quelque chose indigne d'estime, d'égards, d'intérêt et d'attention.

Mercenaire : C'est un intrus, un étranger ; Dans le jargon chrétien c'est un faux pasteur de brebis.

Misérable : Malheureux ; Triste ; Qui fait pitié ; De très pauvre qualité.

Miséricorde: Vertu qui porte à avoir compassion des misères d'autrui et à souhaiter les soulager ; Grâce ou pardon accordé à ceux que l'on pourrait punir.

Missile : Projectile puissant et rapide, Bombe disposant de son propre système de propulsion capable d'aller à de grande et forte vitesse.

Monarque : Qui règne seul ; Souverain ; Roi.

Murmurer : Dire à mi-voix, à voix basse ; Chuchoter, Parler entre ses dents de manière indistinct et confuse.

Mystère : Ce qui est secret et caché, inaccessible à la raison humaine.

Nanti : Personne qui est riche ; qui possède une grande fortune et des biens en quantité.

Nauséeuse : 1Qui donne envie de vomir ; Qui est dégoutant ; Qui est sale ; 2Au Sens figuré : Méchante

Noyau : Partie la plus importante, la plus essentielle de quelque chose ; Partie centrale, le cœur de quelque chose.

Occultiste : Qui fait des pratiques mystiques, magique ou de divination ; Parfois qualifié de sorciers.

Omnipotent : Tout puissant ; Qui dispose d'une puissance absolue, illimitée et sans borne.

Onction: Dans le jargon chrétien : Huile consacré par la prière ; Vie de Christ ; Puissance.

Oppresser : Tourmenter constamment par des traitements cruels et injustes ; Martyriser ; Opprimer.

Oracle : Parole de Dieu ; Avis d'une personne considéré comme infaillible, que l'on suit sans réserve.

Orient : Point cardinal (plus précisément l'Est) d'où le soleil se lève.

Ovation : Acclamations publique, manifestation bruyante d'approbation ; Action d'applaudir en honneur.

Parer : Orner ; Embellir de manière à donner meilleur apparence, à rendre plus beau et commode.

Paresse : Etat d'une personne qui ne veut rien faire ou veut juste faire le minimum, Etat d'esprit portant à éviter l'effort physique ou morale ; Nonchalance ; Etat d'une personne oisive, qui fait des choses inutile.

Partager : Avoir en commun, Prendre part ou accompagner quelqu'un dans ses sentiments.

Parfait : Qui n'a que des qualités et est sans défaut ; Qui est accompli dans son genre et qui est à la plus haute échelle des valeurs.

Passion : 1Considérer quelqu'un comme sa passion c'est le considérer comme son Amour, son désir le plus brulant et profond 2Amour, Intérêt ou affection très vif éprouvé pour quelque chose ou pour quelqu'un.

Passionné : Qui est rempli d'un amour ardent ou d'affection très vive pour une personne ou une chose.

Pathogène : Qui provoque des maladies ; Un agent pathogène peut être un virus, un microbe etc.

Paupière : Ce sont des plaques de peau mobiles se rabattant sur les yeux, les protégeant des agressions externes

Pentecôte : Jour où le Saint –Esprit est descendu sur les apôtres.

Perfection : Etat de ce qui est excellent, infaillible ; Réunion de toutes les qualités à leur plus haut degré.

Perle : Petite boule en matière d'or, d'argent, de bois etc, utilisé pour fabriquer des bijoux, ornements.

Perpétuité : Durée continu sans interruption ; A vie ; pour toujours ; Pour l'éternité.

Pénible : Qui fatigue, afflige, attriste ; Qui est douloureux, désagréable, cruel.

Pilier : Soutien ; Elément fondamental qui assure la solidité et la stabilité de quelque chose ; Poteau.

Piller : Dépouiller par la force ; Dominer ; emporter violemment.

Pinacle : Partie la plus élevée d'un édifice ; Celui qui détient la Position la plus élevée, la plus enviable et la plus estimée.

Pittoresque : Qui frappe par son éclat et sa beauté ; Qui est originale en particulier du point de vu visuel.

Plaire : Plaire à quelqu'un revient à être agréable à cette personne, Faire que la personne se sente bien, Donner à la personne de prendre plaisir en soi.

Plénitude : Totalité, intégrité ; Qualité de quelque chose qui est absolue, entière et complète.

Pongé : Mouillé, Trempé ou aspergé d'eau jusqu'à pénétration de l'eau dans l'objet.

Précieux : Ce qui est cher, de grande valeur, de grand prix ; Ce qui est chéri, adoré ; Ça se dit de tout ce qui nous est cher et dont nous faisons un cas particulier.

Prestige : Honneur particulier ; Hautes considérations.

Prodigue : Qui gaspille et fait des dépenses excessives et inutiles; Au sens figuré : Qui trahit ou déçoit quelqu'un.

Proie : Être vivant que capture et dévore un animal ;

•**Etre en proie** : Être victime de quelque chose ou de quelqu'un ; Être capturé ou esclave de …

Prospérer : Etre heureux ; Réussir ; Avoir du succès ; S'enrichir.

Prunelle des yeux : Personne à qui on tient au plus haut point, Qu'on aime et protège vivement.

Pullule : Abonder ; Se multiplier très vite et en grande quantité.

Purifier : Nettoyer ; Rendre pur ; Ôter ce qu'il y'a d'impur.

Purulent : Qui contient du pus.

Putréfier : Décomposer ; Pourrir ; Gâter.

Raffoler : Raffoler de quelque chose, revient à avoir un goût très vif pour cette chose, Aimer beaucoup cette chose, Se passionner follement pour cette chose [adorer, être fou de].

Randonnée : Longue promenade ; Aventure ; Balade.

Ravir : Remplir d'une grande joie et satisfaire pleinement ; Emporter ; Enlever.

Référence : Un modèle de qui on tire exemple, à qui on se renvoi.

Refuge : Lieu qui protège des intempéries et du danger ; Où on est en sécurité.

Réincarnation : Donner une existence concrète à une valeur abstraite; Représentation palpable ; Manifestation de quelque chose.

Réjouir : $_{1}$Apporter de la joie ou faire plaisir à quelqu'un. $_{2}$Etre content ou dans la joie.

Repère : Dans le sens figuré, il s'agit d'un évènement, d'une personne, ou d'une idée par rapport au quel on peut se retrouver, se comprendre, se connaitre, se situer et même se définir avec exactitude.

Réjouissance : Jubilation ; Démonstration de joie ; Allégresse.

Répugnant : Qui cause du dégoût ; Qui repousse.

Retentir : Produire un son fort et éclatant.

Renoncer : Abandonner l'attachement à quelque chose. Quitter ou abandonner la possession ou le désir de quelque chose.

Renouveau : Nouveau départ ; Renaissance ; Recommencement.

Rétracter : $_{1}$Retirer, Abandonner ; $_{2}$Diminuer ; Se contracter, Se raccourcir.

Rigide : $_{1}$Qui est très dure, raide et inflexible ; $_{2}$Que l'on ne peut influencer, ébranler, émouvoir.

Sacrifier : 1Abandonner ou offrir volontairement quelque chose, y renoncer, par amour ou en considération d'une personne ou d'une chose. 2Egorger ; Immoler ou Tuer.

Sataniste : Quelqu'un qui fait des pratiques ou des rites qui vénèrent satan.

Satano-humaine : Caractère de satan mélangé à celui de l'homme.

Satano-miraculeux : Qui fait des miracles sataniques c.-à-d. des miracles qui ne viennent pas de Dieu mais de satan.

Satisfaire : Combler des désirs ou des besoins ; Etancher dans le sens de la soif.

Sauver : Tirer du péril, libérer ; Mettre en sûreté/ à l'abri ; Faire échapper

Sauveur : Celui qui sauve, qui libère.

Savourer : Gouter avec attention et avec plaisir ; Jouir de quelque chose ou de quelqu'un avec une jouissance consciente et avec une lenteur qui prolonge le plaisir.

Scepticisme : Disposition d'esprit des personnes qui ont l'art de douter de tout.

Secret : Qui n'est ou ne doit pas être connu d'autrui ; Ce qui doit rester caché et qu'on ne livre pas facilement.

•**Être secret** : Faire des choses dans la discrétion et garder silence sur une chose confiée.

Servitude : Etat d'un homme assujetti ; Esclavage ; Captivité.

Somptueux : Qui est riche, luxueux, magnifique, coûteux.

Sonner : Produire un bruit/son éclatant ; Faire rendre des sons à des instruments à vent comme la cloche, la trompette etc.

Sophistiqué : Très raffiné ; Très perfectionné.

Sot : Stupide ; Absurde.

Souillure : Péchés ; impureté ; saleté ; tâches.

Soupirer : Soupirer après quelqu'un ou quelque chose revient à Désirer ardemment, rechercher avec passion cette personne ou cette chose ; C'est une vive expression d'un besoin profonds.

•**Soupir** : Expiration prolongée qu'on laisse échapper sous l'influence d'un sentiment de tristesse, d'une émotion, d'une souffrance.

Splendide : Beau par sa lumière et son rayonnement ; Qui a un grand éclat de lumière, d'honneur et de gloire ; Qui est magnifique.

Sublime : Admirable ; Magnifique ; Qui est au plus haut degré de l'élévation, de la grandeur, de la noblesse et de la beauté.

Succomber : Être accablé sous un fardeau que l'on porte ; Ne plus pouvoir résister, être vaincu.

Summum : Le plus haut point ; Le sommet ; Plus haut degré de quelque chose.

Synchronie : Qui se passe dans le même temps, de manière simultanée ; Concordance.

Tendresse : Qui a de l'affection ; Au sens moral veux encore dire amour ; Qualité de quelqu'un qui a de la sensibilité à l'amour et à l'amitié.

Tombeur de juste : Être dont l'objectif est de séduire les élus, les enfants de Dieu et les induire en erreur, détruire leurs foi et les faire périr.

Torture : Tourment et souffrance cruelle ; Ça peut être des grandes souffrances physiques ou même des grandes peines morales.

Tréfonds : Ce qu'il y'a de plus profond, de plus secret et de plus intime.

Trésor : Être/bien précieux, rare et de grande valeur qu'on aime beaucoup et conserve soigneusement.

Trot : Déplacement.

Trouble : Confusion ; Inquiétude.

Truchement : Moyen ; Biais ; Intermédiaire.

Truffer : Remplir ; Bourrer ; Plein.

Ultime : Qui est Absolu, Au-dessus de tout le reste, au plus haut degré ; Considérer quelqu'un comme ultime revient à dire que en dehors de lui il y'en a plus.

Unique : Seul ; Qui n'a pas son pareil; Inégalable, Que l'on ne peut égaler.

Vaisseau spatial : Véhicule permettant de se déplacer dans l'espace.

Vigueur : Force ; Puissance ; Energie.

Vil : Qui est méprisable ; Sans valeur ; Inutile ; Indigne.

Vital : Très important ; Décisif ; L'essentiel.

Vitalité : La vitalité d'une personne ou d'une chose est la Force, la vigueur de cette personne ; C'est la Vie de sa vie.

Voie : Chemin ou route que l'on emprunte ; Direction que l'on prend.

Voguer : Naviguer ; Flotter.

Zèle : Grande détermination, Vive ardeur que l'on met pour servir une cause ou une personne ; Diligence.

Zénith : Le plus haut degré, le plus haut point de quelque chose ; Sommet ; Point du ciel situé à la vertical de l'observateur.

FICHE DE PRIÈRE : QUE CE LIVRE SOIT TON BÂTON !

1. Seigneur JÉSUS, puisse ton onction reposer et demeurer grandement sur ce livre.
2. Seigneur JÉSUS, lève-toi et que les messages du Cri d'un amoureux demeurent toujours vivants pour tous ceux qui liront ce livre.
3. Seigneur, étend ta main et que les grandes portes pour ce livre s'ouvrent dans les nations du monde entier et dans ton Église.
4. Seigneur, permet que tous ceux qui entreront en contact avec ce livre trouvent la félicité en Jésus.
5. Père, que tous ceux qui entreront en contact avec ce livre aient la faim et la soif de Jésus le véritable bonheur.
6. Seigneur, comme une biche soupire après des courants d'eaux, permets à quiconque entre en contact avec ce livre de le lire jusqu'à la fin.
7. Seigneur, oblige quiconque entrera en contact avec ce livre, de le lire honnêtement et avec son cœur.
8. Père, lève-toi et que chaque poème et ses vérités soient confrontés directement et rationnellement avec chaque lecteur.
9. Seigneur, permet que ce livre soit lu lentement dans un esprit de prière et d'examen de cœur devant toi.
10. Seigneur, lève-toi et que la révélation de Jésus soit donné aux gens pendant qu'ils lisent ce livre.
11. Seigneur, accorde aux lecteurs de lire, de relire et relire ce livre.
12. Père, que ce livre devienne le livre de poche de chaque lecteur dans le monde concernant l'amour pour Dieu.
13. Seigneur Jésus, utilise puissamment ce livre et montre au monde entier où se trouve le bonheur.
14. Seigneur, utilise ce livre pour restaurer le bonheur au sein de ton peuple.
15. Seigneur, utilise ce livre pour susciter une génération des vrais adorateurs et amoureux de Jésus, qui seront un défi pour Jézabel et ses esclaves.
16. Seigneur, utilise ce livre pour embraser et bombarder d'amour pour Dieu les cœurs des individus, des dirigeants, des pasteurs, des ministres, des communautés, des assemblées et des nations.
17. Seigneur, accorde à chaque lecteur la révélation de Jésus la Félicité.
18. Seigneur, que ce livre sur l'amour pour Dieu devienne partout dans le monde un manuel qui ouvre les yeux de tes enfants sur le vrai bonheur et où le trouver.
19. Seigneur, ne permets à aucun lecteur de survoler le cri d'un amoureux pendant ses lectures.
20. Seigneur, permets que chaque lecteur se soumette à la félicité de JÉSUS.
21. Seigneur, permets à tous ceux qui lisent ce livre de devenir tes amoureux. AMEN !!!

Résumé :

Le Cri d'un Amoureux est un essai d'obéissance au plus grand commandement de Dieu qui stipule que tu aimeras ton Dieu de tout ton cœur, de toute ton âme, de toute ta pensée et de toute ta force (Marc 12 :30 ; Deutéronome 6 :5). Nous avons tous un jour expérimenté la gaieté que procure l'amour : tu as sans doute aimé quelqu'un ou quelque chose tels que ta mère, ton père, tes frères, tes amis, tes bijoux,…et a certainement été dans l'euphorie. Ainsi le bonheur ne se trouve nulle part ailleurs si ce n'est dans l'Amour. Aimer procure le bonheur, mais aimer Dieu ou avoir de l'Amour pour Dieu procure la Félicité. Essaye et tu verras.

Sophonie Blaise KEBANWOU, E.A.J.

LE CRI D'UN AMOUREUX

Pour nous contacter :

Pour tous ceux qui aimeraient partager avec nous sur ces écrits et nous partager aussi leurs propres écrits, vous pouvez nous contacter au :

(+237) 679 679 208 / 691 501 281 / 656 192 800

SBK EAJ

Printed by Books on Demand GmbH, Norderstedt / Germany